ZHUANWEI W

▶ 全国教育科学规划教育部青年专项课题《如何转危为
国际金融危机影响及应对策略研究》（课题批准号：b

转危为机

世界一流大学
在国际金融危机中的应对策略

喻恺　徐扬　查岚／著

知识产权出版社
全国百佳图书出版单位

图书在版编目（CIP）数据

转危为机：世界一流大学在国际金融危机中的应对策略/喻恺，徐扬，查岚著. ——北京：知识产权出版社，2015.6

ISBN 978 - 7 - 5130 - 3580 - 4

Ⅰ.①转… Ⅱ.①喻…②徐…③查… Ⅲ.①高等学校—教育经费—金融策略—研究—世界 Ⅳ.①G647.5

中国版本图书馆 CIP 数据核字（2015）第 131530 号

内容提要

高等教育已深深融入周遭的经济环境之中，历次金融危机均对高等教育造成了一系列影响。2008 年爆发的国际金融危机不仅引发各国政府削减高等教育经费，导致世界一流大学的捐赠基金严重缩水，还迫使一些高校暂停招聘、削减教师岗位、限制教师涨薪幅度、大幅提高学费。

本书着眼于金融危机对六所世界一流大学（哈佛大学、耶鲁大学、加州大学伯克利分校、华盛顿大学西雅图分校、牛津大学、剑桥大学）收支状况、捐赠基金以及教师和学生三大方面造成的直接影响，并探寻了这六所大学的应对措施。

责任编辑：江宜玲	责任校对：董志英
封面设计：智兴工作室·张国仓	责任出版：刘译文

转危为机

世界一流大学在国际金融危机中的应对策略

喻恺　徐扬　查岚●著

出版发行：知识产权出版社 有限责任公司		网　址：http://www.ipph.cn	
社　　址：北京市海淀区马甸南村 1 号		邮　编：100088	
责编电话：010 - 82000860 转 8339		责编邮箱：jiangyiling@cnipr.com	
发行电话：010 - 82000860 转 8101/8102		发行传真：010 - 82000893/82005070/82000270	
印　　刷：三河市国英印务有限公司		经　销：各大网上书店、新华书店及相关专业书店	
开　　本：720mm×1000mm　1/16		印　张：10.5	
版　　次：2015 年 6 月第 1 版		印　次：2015 年 6 月第 1 次印刷	
字　　数：175 千字		定　价：48.00 元	

ISBN 978-7-5130-3580-4

目　　录

图目录

表目录

第一章 绪 论

第一节 问题的提出

早在 21 世纪初，美国经济就曾经历温和而短暂的衰退，恐怖袭击、互联网泡沫破裂、财务丑闻等虽已过去，但经济衰退的阴影不曾抹去。为刺激经济增长，美国联邦储备局（Federal Reserve System）连续 11 次降低联邦基金利率，从 2000 年 5 月的 6.5% 降至 2001 年 12 月的 1.75%。借贷成本的降低给市场带来了巨大的流动性，银行家们活跃起来，甚至一些没有工作、没有收入、没有资产的次级贷款者也纷纷举债购房。大量的住房贷款吸引了越来越多的购房者，房价随之不断攀升，这使得高回报率的次级抵押贷款越发受到市场追捧。与此同时，联邦储备局继续降息，至 2003 年 6 月降到了 45 年来的最低值 1%，次级贷款市场投资者的热情被进一步激发。但聪明的金融工程师们并不满足于此，他们将这些抵押贷款打包成债务担保证券（Collateralized Debt Obligations，CDOs），以金融衍生品的方式将抵押贷款再次出售给全球投资者。没过多久，一个巨大的次级贷款二级交易市场出现了。可是在市场过热时，相关部门并没有尽到监管义务，相反，为了鼓励这一市场的发展，美国证券交易委员会（Securities Exchange Commission，SEC）还在 2004 年 10 月放宽了对高盛集团（Goldman Sachs）、美林证券（Merrill Lynch）、雷曼兄弟（Lehman Brothers）、贝尔斯登（Bear Stearns）和摩根斯丹利（Morgan Stanley）这 5 家大型投资银行的净资产要求，致使它们的金融杠杆率得以高到 30 倍甚至 40 倍。

然而，各种问题逐渐浮现出来：美国的自有房产率在 2004 年达到 70% 的峰值，人们的购房意愿冷却；2004 年下半年起，联邦储备局开始大幅提高利率，至 2006 年 6 月达到 5.25%，且该利率水平一直持续到金融危机爆发前夕的 2007 年 8 月；到了 2005 年第 4 季度，房价开始下跌，这直接导致 2006 年的住宅建筑指数（Home Construction Index）出现了 40% 的跌幅。新建房屋因此受到影响，那些无法承受高利率的次级贷款者也开始违约。更糟糕的是，金融公司和对冲基金在以此类次级贷款作为担保的证券上的投资超过了 1 万亿美元。如果有越来越多的次级贷款者违约，资金链将会面临巨大的流动性风险，由此所产生的后果也将不堪设想。事实正是如此。进入 2007 年，不断地有次级贷款机构申请破产，仅在 2、3 月份申请破产的就超过 25 家，这足以激起市场的波动。随后的 4 月，美国第二大次级抵押贷款公司新世纪金融（New Century Financial）裁减 54% 的员工并申请破产保护，由此正式拉开了次贷危机的帷幕。[1]同年 6 月，美国第五大投资银行贝尔斯登旗下两支基金因涉足次级抵押贷款债券市场出现亏损，引发投资者撤资，进而触发了流动性危机，导致危机加深。[2]至 8 月，美联储、欧洲央行和日本央行纷纷向市场注资，但依旧无法阻挡次贷危机的蔓延。几家次级抵押贷款机构相继倒闭，分布在投资信贷市场的基金也被迫关闭，各大股指相继暴跌。2008 年 2 月，身为英国五大抵押贷款银行之一的北岩银行（Northern Rock）被英国政府收归国有，成为英国金融界中美国次贷危机的首位受害者。[3]这标志着次贷危机已经蔓延至欧洲，此次危机已由国别危机转变为全球性的金融海啸。

与中国等亚洲国家的高储蓄率经济模式不同，美国的储蓄率极低，相应地，美国人的消费水平极高。本次金融危机正是由房产市场开始的，虚拟财富的过度膨胀最终导致房产泡沫破裂。2008 年 9 月开始，全球资本市场出现大崩盘。美国政府接管了房地美（Freddie Mac）和房利美（Fannie Mae）；雷曼兄弟申请破产保护；美国银行宣布将以 440 亿美元收购美林证券；美国政府出资最高 850 亿美元救助美国国际集团（American International Group，AIG）；美联储批准高盛集团和摩根士丹利转为银行控股公司的请求。至此，华尔街投行退出历史舞台。随后的 10 月，欧洲各国提高个人存款担保额度，富通集团（Ageas）在比利时和卢森堡的业务被巴黎银行收购，冰岛遭遇国家破产危机，英国政府宣布向本国四大银行注资 350 亿英镑，乌克兰和匈牙利接受国际货币基金组织（International Monetary Fund，IMF）紧急贷款，全球主要央行先后两次同步降息，西方七国集团（G7）财政部长会议承诺用一切可用手段对抗金融危机。

　　不仅如此，这场危机还通过财富（负）效应❶、信贷紧缩、切断企业融资来源等渠道影响到全球实体经济。从 2008 年第 2 季度起，欧盟和日本经济进入负增长阶段；2008 年第 3 季度起，美国经济开始负增长。图 1 呈现了美国GDP（国内生产总值）自 2001 年至 2011 年 10 月 17 日的变化情况。数据显示，2008 年第 3 季度，美国 GDP 增长率为 −0.1%，第 4 季度为 −2.2%，达到历史最低点。当 2008 年 9 月 30 日时任美国总统布什（George Walker Bush）的救市计划被国会否定后，美国国内三大股指暴跌。图 2 和图 3 分别呈现了道琼斯指数（DJIA）和标准普尔 500 指数（S&P 500）最近 10 年间的走势。如图 2 所示，2008 年 9 月 30 日，道琼斯指数跌落 777 点，跌幅达到 7.7%；图 3 表明标准普尔 500 指数当日跌幅为 8.8%，创造了 20 年来单日跌幅之最。此外，纳斯达克指数（NASDAQ）当日跌幅也达到 9.1%。2008 年下半年，美国、欧盟和日本三大发达经济体的经济全部开始衰退，新兴市场与发展中国家的经济增长速度也明显放缓。这场金融危机也被称为继 1928 年大萧条以来最严重的一次金融危机。[4]

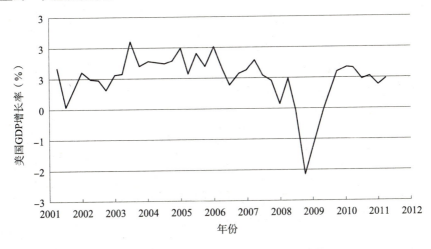

图 1　2001～2011 年美国 GDP 增长率走势

　　数据来源：美联储经济数据库（Federal Reserve Bank Economic Data, FRED），起止日期为 2001 年 1 月 1 日至 2011 年 10 月 17 日。

---

　　❶ **财富（负）效应**（the Wealth Effect）：指金融资产的价格上涨（下跌）导致金融资产持有人的财富增长（减少），影响其短期边际消费倾向（MPC），进而促进（抑制）消费增长和经济增长的效应。简而言之，即人们资产越多，消费意愿越强；资产越少，消费意愿就越低。

图2　2001～2011年道琼斯指数走势

数据来源：美联储经济数据库，起止日期为2001年1月1日至2011年10月17日。

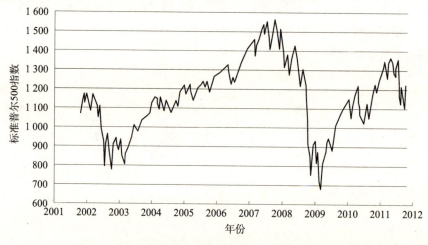

图3　2001～2011年标准普尔500指数走势

数据来源：美联储经济数据库，起止日期为2001年1月1日至2011年10月17日。

　　菲利普·斯瓦格（Phillip Swagel）在2010年3月的金融改革会议上发表了论文，详细地从成本角度分析了此次金融危机对美国造成的影响。他的研究显示：从2008年7月至2009年3月，美国的房地产财富损失达到3.4万亿美元，相当于每户30 300美元；美国股市市值蒸发了7.4万亿美元，相当于每户66 200美元。为缓解金融危机，联邦政府通过问题资产救助计划（Troubled Asset Relief Program，TARP）干预经济，这项政策将消耗纳税人730亿美元，

平均到每户大约为 2 050 美元。在金融危机比较严重的时期（2008 年 9 月到
2009 年年底），美国家庭平均损失了约 5 800 美元的收入。经济增长放缓也给
就业带来了压力，金融危机的出现使得美国失业人口比国会预算办公室
（Congressional Budget Office，CBO）在 2008 年 9 月的预测值多出 550 万。

中国经济在此次金融危机中也遭受重创。图 4 显示，金融危机发生后，我
国的 GDP 增长率大幅减缓，图 5 则表明我国出口贸易在 2009 年大幅下降。由
图 6 和图 7 可见，金融危机发生后我国在金融资产和资本流动方面的损失也较
大，但同美国相比，损失程度相对有限。

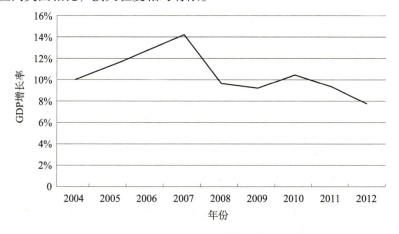

图 4　2004～2012 年中国 GDP 增长率走势

数据来源：新浪财经。

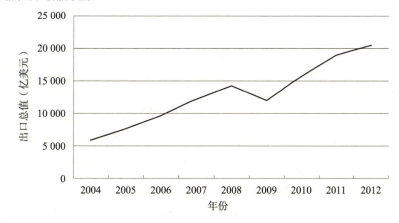

图 5　2004～2012 年中国出口总值走势

数据来源：中华人民共和国商务部综合司。

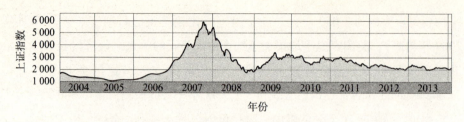

图6 2004～2013年上证指数走势

数据来源：Google Finance。

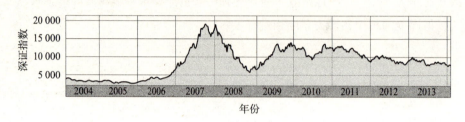

图7 2004～2013年深证指数走势

数据来源：Google Finance。

　　教育与经济相互制约、相互促进，一定时期的经济水平对当时的教育水平具有重大影响。[5]而建立在中等教育基础之上，担负着专门人才培养和科学研究重任的高等教育与经济的联系更为紧密，所以当此次金融危机席卷全球，给各行各业带来重大打击之时，也对高等教育领域产生了影响。一方面，金融危机导致各国政府财政收入减少，迫使政府把有限的财政收入用于救市和刺激经济，从而造成大学的主要收入来源之一——政府拨款被削减。例如，世界一流公立大学——美国加州大学，由于地方政府大幅削减拨款，经费缺口高达8.13亿美元，占当年全部财政预算的20%，并宣布进入"极端财务紧急状态"。[5]马萨诸塞州州长帕特里克（Deval Patrick）表示，州政府将从预算中直接削减对公立学校的拨款。[6]另一方面，金融危机也对各高校的投资资产造成了负面影响。在2008年7月至2009年6月这一年时间里，由哈佛、耶鲁等8所世界一流大学组成的美国常青藤联盟的捐赠基金资产总共损失了266亿美元。这一数额相当于我国拥有800万人口的海南省2009年全年的GDP[7]，或是我国所有中央属教育机构2008年的全部收入。[8]哈佛大学校长福斯特（Drew Faust）认为捐赠基金的损失"对哈佛大学的预算和规划有重大影响，其他主要收入渠道也将受到经济危机的挑战"。[9]耶鲁大学校长莱文（Richard

Levin）指出，耶鲁大学的资产在 2008 年缩水约 30%，损失了将近 160 亿美元，他认为进一步缩减预算势在必行。[10]此外，受金融危机影响，美国两家最大的联邦贷款机构——宾夕法尼亚州高等教育资助机构（Pennsylvania Higher Education Assistance Agency）和大学贷款公司（College Loan）宣布暂停联邦政府担保的助学贷款计划，从而减少了来自中低收入家庭的学生获得贷款资助的机会。[11]而以金融业为主要税收来源的纽约州受到的影响更为严重，该州大多数大学决定在 2008 年暂停招聘以应对财务危机。[12]随着金融危机的蔓延，斯坦福大学也采取了削减职位、限制涨薪幅度等措施来应对办学经费减少的局面。[12]截至 2011 年 10 月，美国部分公立大学学费水平又在原有基础上提高了8%，且已有近 1/3 的全日制本科生无法享有贷款资助。[10]

金融危机发生后，随着经济衰退，许多经合组织成员国劳动力市场的就业形势迅速恶化。历史经验表明，年轻人、移民和低技术含量的员工往往最先承受失业的冲击。[11]经济危机降低了就业市场的总需求量，而产业结构的进一步调整，使得就业市场对大学毕业生尤其是金融专业毕业生的需求锐减。

在课程设置方面，许多学者认为，商业课程灌输给学生盲目追求利润最大化的思想，这对金融危机的发生负有部分责任。[13]金融危机后，一方面，商学院自身积极完善课程，加强对商业道德的教育；另一方面，企业也会间接要求商学院改革或更新课程，以适应经济发展的新需要。

全球经济快速步入知识经济时代，高等教育在推动经济发展和提高国家竞争力中所起到的核心作用越发明显。然而金融危机使得对高等教育的投资不断增加的趋势中止，2009～2011 年，经合组织成员国在教育机构的公共支出占国民生产总值的百分比下降了 1%。许多国家的政府都采用一揽子刺激计划来应对危机，无论在发达国家还是发展中国家，政府都认识到了高等教育在以知识和创新为基础的新型全球经济竞争中不可或缺的作用。

与此同时，经济危机也带来新保守主义政策的兴起，包括：高等教育的成本更多的从政府转移到个人，经费来源的不确定性大大增加；不利于在短期内就业的课程和研究被边缘化；鼓励为公司或其他私营部门提供营利性培训。这些原则或措施极大地挑战了高等教育的质量、学术自由、可获得性和制度问责（Institutional Accountability）。

无论是从政治还是经济角度来看，政府都对高等教育的发展负有公共责任。在政治方面，接受教育是一项人权，保障国民接受教育特别是高等教育的权利有利于社会流动和社会和谐发展；在经济方面，高等教育是提高一个国家或地区经济竞争力的最有效的投资方式之一。虽然私立教育包括营利性教育在一些国家迅速发展，但对绝大多数国家来说，公共财政支出仍然是高等教育的主要贡献者。

教育，特别是高等教育，现在被认为是应对经济危机的手段，并且是一系列恢复计划和刺激政策的重要组成部分。第六届国际教育世界大会（the 6th World Congress of Education International）的一项决议草案提出：一些政府采取措施确保公共部门作为保持经济社会和谐和可持续发展的有力武器，而高等教育和研究是反周期投资的关键领域。有学者认为：支持性的公共政策、成功的机构重组和积极的家庭应对（有能力并且有意愿支出）都是录取人数增加的有力因素。[14]值得注意的是，高等教育曾经是削减支出的主要对象，在此次危机中却更多地被资助。经济危机中针对高等教育的不同政策反映出各国政府对高等教育投资态度的变化。

高等教育的成本主要包括以下4类：基础设施建设与教职工工资、科研经费、学生在校期间的花费和放弃的收入。其中，放弃的收入即学生因读书而放弃的加入劳动力市场所能产生的经济价值，这一点常常被忽略。当劳动力相对短缺而且由于学生退出劳动力市场而拉低了实际的生产总值时，这项收入的减少才较为明显。如果经济和就业已经处在饱和状态，这些学生退出劳动力市场所引起的生产力降低就比较少，放弃的收入占教育成本的比例也非常小。[15]由此可以看出，与一般商品不同，在经济下滑时期人们对高等教育的需求通常会增加。这是因为在经济衰退或失业率上升时，时间的机会成本下降，劳动力市场的短期波动对高中毕业生是否进入大学学习影响较小，反而对年龄大于高中毕业生、寻求短期学习和培训机会的人影响较大。

虽然国际金融危机对高等教育的影响大都是暂时的，但也对高等教育的融资结构带来一些永久性的影响。世界一流大学永续型基金在制定其投资策略时更加注重资产的流动性以应对市场条件变动带来的损失。此次危机中的投资损失促使人们对"永续型基金模式"（Endowment Model）进行反思。"永续型基金模式"是指20世纪90年代以来，以哈佛、耶鲁大学为代表的基金会采用的投资理论与实践。这种模式以高度多元化和长期组合模式为特征，与传统股票/债券投资模式不同的是，永续型基金模式中更多为高风险、高回报的另类资产。金融危机后，哈佛大学和耶鲁大学都提高了其目标投资组合中现金的比例。1995 年和 2005 年，哈佛大学永续型基金资产配置中现金的目标比例都是 −5%，2010 年这一比例提高了 7 个百分点至 2%。2009 年，耶鲁大学永续型基金资产配置中现金的实际比例是 −1.9%，而在 2010 财年，现金配置的目标比例已提高至 4%。[16]

长期以来有关谁是高等教育的投资者及获益者的话题一直是争论的焦点。不同国家的政府在金融危机中对高等教育的资助改变大相径庭。一些国家对高等教育的拨款减少在 10% 以上，如希腊和立陶宛等；一些国家表示将维持现有的资助水平，如比利时和芬兰等；还有一些国家将在危机中增加对高等教育的支出，如奥地利和丹麦等。[17]增加的支出主要集中在改善校园的基础设施建设、科学与技术方向的研究经费等。增加高等教育拨款的国家普遍认为对这些领域的投资有助于促进经济发展和尽快走出危机。除了对高等教育的投资总量有所改变，金融危机在很大程度上也改变了高等教育的支付结构。在美国不同层级的政府中，州政府对高等教育的资助大大减少，从现有的情况来看这个趋势不会改变。与此同时，通过对低收入学生的资助和其他退税优惠政策等，美国联邦政府也在增加对高等教育的资助。但鉴于政府预算的前景并不明朗，所以不能确定联邦政府对高等教育的资助是否会长期执行。

此次金融危机对不少普通大学的经费筹措、运营预算、助学贷款等造成了负面影响，而作为高等教育龙头的世界一流大学是否受到了类似的影响，抑或它们有不同于一般学校的表现？数据表明，常青藤盟校的捐赠基金在 2008 年一年之内就遭遇了严重亏损，而捐赠基金恰恰是这些学校主要的收入来源之一，在 2007 财年（2006 年 7 月 1 日至 2007 年 6 月 30 日），耶鲁大学捐赠基金的支出总额占总收入的 30%[18]，普林斯顿大学为 40%[19]，哈佛大学为 32.5%[20]。受州政府拨款减少的影响，华盛顿州宣布会在 2009 年把学费提高 20%，加州更表示会同时削减招生名额和预算。[21]而为了应对办学经费缩减的不利局面，有不少大学表明会停止招聘，包括康奈尔大学[20]、波士顿大学[22]等著名大学。

然而，有研究显示，金融危机并没有对大多数世界一流大学的正常运营造成重大影响，它们依旧保持了健康的财务状况。[23]以哈佛大学为例，虽然其运营经费的 32.5% 要依靠捐赠基金的投资收入，而且金融危机导致其捐赠基金总额减少了 100 多亿美元，但其依旧保持了正常运转。对公立大学而言，比如伯克利大学，尽管经济衰退导致其最大的收入来源——政府拨款在一年之内减少了 30%，但也安然度过了这一特殊时期。那么当一些学校采取提高学费、减少教师岗位、缩减校区规模[23]来应对金融危机的时候，世界一流大学采取了哪些措施有效地应对了金融危机和经济衰退？

为此，笔者以此次金融危机对世界一流大学造成的影响为切入点，重点研究两方面问题：一是金融危机对世界一流大学的收支状况、捐赠基金、教师和学生三大方面造成的具体影响；二是这些世界一流大学采取的应对措施。

第二节　研究意义

一、理论意义

美国高等教育研究专家布鲁贝克（John Brubacher）曾经说过："当教育实践面临复杂的矛盾和冲突时，也就是研究分析教育实践理论基础的时候。"换言之，当金融危机对高等教育的实际运营造成影响，甚至造成困境之时，高等教育理论研究者就应当直面这些影响和困境，将其纳入研究的视野。唯有如此，高等教育理论才能具备引领高等教育实践的功效，才能具有长盛不衰的生命活力。

当前，虽然已有不少学者就金融危机对高等教育已经造成的和可能造成的影响进行了研究，但这些研究由于缺少实证数据的支撑大多停留在经验和推断的层面上，没有深入全面挖掘金融危机对高等教育领域造成影响的范围和程度，尤其缺乏对世界一流大学的深入研究。一方面，这是因为国家层面的统计数据通常有 1～2 年的滞后；另一方面，学校层面公布的数据不仅滞后而且有限。[24]而在此次金融危机大面积爆发 3 年后，本研究全面收集了各大学的财务报表、年度报告、网站信息以及美国中学后教育数据整合系统（Integrated Postsecondary Education Data System，IPEDS）、英格兰高等教育拨款委员会（Higher Education Funding Council for England，HEFCE）等机构的关键资料，较为具体地还原了金融危机对其造成的影响，并分析了世界一流大学针对这些影响所采取的应对策略和措施。在此基础上，本研究还进一步归纳了金融危机影响世界一流大学的途径以及大学成功应对的有利因素，以期为完善金融危机对高等教育影响的理论尽绵薄之力。

二、实践意义

已有研究表明，经济发展与高等教育发展的关系是高等教育外部关系规律中最基本的关系之一，两者间相互依存、相互促进、相互制约。经济发展在为高等教育发展提供物质基础的同时，也制约其发展速度与规模、内容和教学方式。然而，现有研究多集中在经济发展常态下的二者关系，将高等教育与经济危机放在同一层面思考的文献并不多。其原因在于，经济发展只是影响高等教育发展的一个因素，高等教育发展还受到其他诸如政治、文化、人口等因素的影响；其次，经济发展周期有延长趋势，且周期中衰退与萧条期持续不长，很难全面衡量。但随着高等教育对经济发展的影响越来越大，有必要关注经济危机时期高等教育的发展态势。

另一方面，充足的资金支持是建设一流大学的必要条件。[25]当前我国许多研究型大学都在朝着"世界一流大学"的目标迈进，以"985 工程"为契机，国家对这些高校每年投入的资金高达上百亿元。美国公立大学虽然也需要大量政府拨款，但其财政拨款占学校经费比例的平均值在 2009 年已下降到 24%，而我国公立大学财政拨款占学校经费比例的平均值在 2008 年为 45%。[26]从长远来看，我国大学应不断加强多元化的融资和筹资能力，以适应市场经济条件下建设一流大学的需要。本研究结果不仅有助于人们了解金融危机对高等教育的影响，还可服务于决策，为我国大学应对财政危机提供有意义的借鉴，提高我国大学应对复杂经济环境的能力，避免高校资产遭受损失。因此，本研究对我国在复杂的经济环境中建设世界一流大学具有重要的借鉴意义。

第二章　研究现状、概念与方法

2008 年之前，针对金融危机对高等教育影响的研究大多聚焦于亚洲金融危机对亚洲地区高等教育产生的影响，主要是在国家层面讨论教育经费的调整变化；也有少数研究把高等教育作为社会公共事务看待，尤其关注 20 世纪 30 年代美国经济危机对美国高等教育造成的影响和由此产生的变化。但这些都是对历史上经济危机的研究，缺少时效性、针对性和综合性。2008 年的国际金融危机席卷全球，处于社会发展轴心地位的高等教育领域出现震荡效应，由此引发了学者们的广泛关注。本研究通过使用高等教育机构的年度报告、财务报表、通用资料（Common Data Set，CDS）、美国全国大专院校行政事务官员理事会（National Association of College University Business Officers，NACUBO）以及穆迪的评级报告，用实证数据分析了本次经济危机对高校财务、教师、学生和评级等多方面的影响。

第一节　研究现状

一、基于研究对象维度的研究综述

在对"基于研究对象"这一维度的已有研究进行梳理后发现，学者大多依照大学的两个特质选取研究对象：一是所处地域；二是学校性质。

（一）基于地域的维度

针对 20 世纪 30 年代美国经济危机对高等教育产生的影响，曾凤婵通过实证研究发现美国高等教育发生的最大变化为大学收入骤减和选择初级学院的学生数量大幅增加。[27]

针对亚洲金融危机对高等教育的影响，薄云对泰国、韩国、马来西亚、菲律宾和印度尼西亚5个国家1997～2001年间的高等教育经费政策进行了研究，发现这5个国家出台了一系列社会救济计划以应对不良影响，韩国和印度尼西亚都增加了对高等教育的财政拨款，马来西亚则实施了"失业大学生再培训计划"。[28]托马斯（Duncan Thomas）等发现金融危机对印度尼西亚教育体系所造成的影响存在滞后性，主要造成后金融危机时代入学率普遍下降。[29]泰雷克（Jandhyala Tilak）则对亚洲地区（包括东亚、太平洋地区、中亚、西亚和南亚）二战后至2010年期间的教育经费进行了比较研究。研究表明，金融危机中断了教育经费的上涨趋势，面对金融危机，政府大多采取了缩减教育经费支出的措施。

针对此次国际金融危机对高等教育造成的影响，王洪才、阚阅等认为此次金融危机对美国高等教育的影响主要体现在高等教育投资市场紧缩和学费上涨两个方面。[30,31]王文强认为英国高等教育在政府财政投入、教育经费来源、毕业生就业和专业设置以及人才培养方面受到了一定的冲击，其中教育经费和毕业生就业两个方面受到的影响尤为明显。[32]黄福涛则发现虽然金融危机对日本的实体经济造成负面影响，但由于日本政府保持了高等教育经费的支出水平，因而此次金融危机并未对日本高等教育造成很大的影响。[33]伯克（Rainald Borck）和泰雷克分别对亚洲地区的高校进行了研究。伯克发现亚洲地区的大学大多通过提高学费、向银行贷款来渡过危机。[34]

随着博洛尼亚进程（Bologna Process）的开启，各国教育部长宣称建立欧洲高等教育区是增进欧洲教育机构吸引力和竞争力的必要条件。他们认为高等教育应当被看作一种公共品，高等教育是并且仍将是一种公共责任，学生们应当享受高等教育社区的成员待遇。

（二）基于学校性质的维度

以学校性质作为划分维度的研究大多立足于美国的大学，主要有：武学超和徐辉对美国公立高等教育财政的研究[35]；张燕军对加州地区的公立大学进行的考察[36,37]；英格兰（Richard England）从财政经费的角度考察了20世纪30年代经济危机对美国大学的影响[38]；凯勒德曼（Eric Kelderman）研究发现昔日依靠政府拨款的公立大学主要通过裁员或缩减校区规模来应对财政危机；

Yuanjun Li 对美国新英格兰地区的非营利型大学进行了考察，发现大学类型和办学规模与大学受金融危机影响的程度存在相关性[39]。

二、基于研究内容维度的研究综述

按照研究内容梳理已有文献后发现，有学者从高等教育运行的角度较为全面地分析了金融危机对高等教育各个方面造成的影响，亦有学者专门分析了金融危机对毕业生就业以及课程设置两个方面造成的影响。

（一）基于高等教育运行的角度

赖德胜和朱敏从国家、学校和家庭 3 个层面分析了亚洲金融危机对东亚国家高等教育运行造成的影响[40]；曾凤婵从高等教育与政府、高等教育与市场、高等教育与学校 3 个维度总结了美国政府在应对 20 世纪 30 年代经济危机时值得借鉴的经验[41]；潘懋元从就业、经费、招生、课程设置、师资队伍建设以及人文素质教育 5 个方面由浅入深地分析了金融危机给高等教育带来的挑战[42]；侯定凯和李明认为大学资产在金融危机中的严重缩水以及政府投资和私人捐款的骤减将使大学面临经费明显短缺的困境[43]；喻恺从高校财务、大学生就业、招生教学 3 个方面，比较分析了金融危机对西方和中国高等教育的影响，并在此基础上提出了中国高等教育的应对策略[13]；瓦格斯（Nelson Varghese）总结出此次金融危机对高等教育造成的 6 个影响[44]。

波士顿学院的报告[45]显示，从经济学角度看，要从 2008 年的经济危机中完全恢复还需要 20 年。在此期间，在其他社会变化的压力下，高等教育会重新定位传统的科研和教学功能。例如麻省理工大学的校长拉斐尔·赖夫（Rafael Reif）认为传统的大学模式会因为信息和通讯技术而有极大的改变。另外一个例子是《泰晤士高等教育》关于成立 50 年以内 100 强大学的排名。新兴的世界一流大学更加关注管理、机构领导力、投资、募捐、高质量批判性的教学，促进基础和应用研究与创新，增强国际交流与合作，培育现代学院。

（二）基于毕业生就业的角度

邹治和陈万明分析了英国在金融危机背景下提升高校毕业生就业能力的措施[46]；唐娟从比较教育学的角度分析了国际金融危机下世界各国大学生就业

的现状，并着重从政府、高校、大学毕业生 3 个方面提出化解危机的对策[47]；科泽（Khalid Koser）研究发现此次金融危机不仅造成诸多国家（例如西班牙、马来西亚、新加坡等）出现高失业率，还促使这些国家的毕业生积极移民澳大利亚，进而导致澳大利亚本国的毕业生在选择工作城市时青睐有着较好就业前景、新近开发的二线城市。[48]

金融危机严重影响了高等教育毕业生的就业前景。一份关于 250 家英国公司的调查显示空缺职位预计减少 5.4%，且工资降幅达 8%。许多雇主建议毕业生推迟一年就业[44]，随着工作前景的黯淡，更多年轻人也愿意继续留在学校读书。自 2008 年以来，经合组织成员国中 15～29 岁青年继续接受教育的比例平均提高了 1.5 个百分比。无高中学历人群的失业率（经合组织成员国的平均数为 13%）是受过高等教育人群失业率（5%）的 2.6 倍。2008～2011 年之间，受教育程度较低人群的失业率上升了 4% 左右，而受过高等教育人群的失业率仅上升了 1.5%。

与一般商品不同，经济下滑时期对高等教育的需求通常会增加。因为在经济衰退或失业率上升的时期，时间的机会成本下降。劳动力市场的短期波动对高中毕业生是否进入大学学习影响较小，反而对年龄大于高中毕业生、寻求短期学习和培训机会的人影响较大。

（三）基于课程设置的角度

根据世界银行的定义[49]，公共品是具有非竞争性和非排他性的，这意味着一个人对这种商品的消费并不影响其他人的消费，而且几乎不可能把任何人对此的消费排除在外。这种观点认为公共品并不是可交易的，与之相反，私人物品是在市场上销售并且由付费的个人或集体进行的排他性的消费。斯蒂格利茨认为知识就是一种公共品。

无论是高等教育的提供形式（课程和学习项目）还是高等教育的产出形式（学历或资格证书），其实是可以被交换的，而且可以做到将一部分人排除在外。高等教育很可能介于公共品和私人物品之间，或者同时具有公共品和私人物品的某些特性。《布拉格公报》（*Praha Communiqué*）进一步完善了对高等教育的定位，鼓励在平等的基础上，让尽可能多的合格学生接受良好的高等教育，这一点在大部分欧洲国家已达成共识。

奥克斯利（Howard Oxley）研究发现，为应对 20 世纪 30 年代的经济危机，美国政府发起了一系列课程改革，一方面对离校的人员进行职业教育，一方面调整学科门类和专业设置，加大理工科的比例，并在 47 个州建立了收容所，将许多失业青年重新纳入受教育的范围。[50]

此次国际金融危机对课程设置的影响主要体现在商学院的课程改革上，艾普斯丁（Jennifer Epstein）认为应该把"职业道德"灌输到 MBA 课程的培养体系中，并积极扩展学生的视野，引导他们在关注投资人利益的同时关注消费者的利益[51]；麦格尼斯（Jo Mackness）进一步指出应将社会和环境因素整合到金融专业的课程培养体系中，培养学生的全局和大局意识，引导他们关注企业和国家的长远利益，而不是只关注企业当季的营利情况或是股东利益[52]；坎贝尔（John Campbell）在此基础上总结了"企业—社会责任理论"，他认为应该构建多条渠道以加强对企业行为的监管力度，包括构建公共和私人机构、政府组织和非政府组织的监管体系，建立适当制度化的企业准则、商业协会间的协调机制以及股东与公司高管之间的对话机制[53]；布鲁姆（Robter Bloom）认为应该将此次国际金融危机作为案例整合到会计学专业的教学中，以此增强学生的职业道德并直观呈现有关资本保值、流动性资本、偿债能力、财务杠杆、有效市场假说以及金融衍生工具等概念的教学[54]。

（四）基于教育政策的角度

近些年来教育在全球范围内都得到了扩张，越来越多的人在教育方面加大了金钱和时间的投资。虽然各种形式的教育都得到了不同程度的扩张，但高等教育的增长率是最快的。此次金融危机凸显了政府规制在高等教育领域的重要性。有关促进高等教育发展的国家政策应注重在高等教育扩张的同时保证其公平和质量。2008 年全球金融危机爆发之后，金融危机与教育政策的关系引发了许多学者的关注，他们从不同角度对此进行了分析和探讨。

简·肯威（Jane Kenway）和琼安娜·菲利（Johannah Fahey）[55]采用"情绪图景"（Emoscape）这一概念来分析与全球经济危机相联系的图景，展示了在全球资本经济，特别是最近以"金融化"为体现形式的大背景下，人们的情绪图景如何与经济图景、媒介图景、意识形态图景相互交缠。作者意图带给人们的启示是：对情绪图景的关注有助于丰富对教育政策和政治的批判性分析。

约翰·克拉克（John Clarke）和詹尼特·纽曼（Janet Newman）[56]认为危机的框架构建是一个重要的、有待深入分析的政治性议题，其论文通过审视危机框架构建过程与实践中的重大问题，提出3个方面的严重担忧：①人们对于如何清晰陈述危机的政治性和大众性所给予的关注远远不够；②对当前危机的分析还需关注这样一个问题，即当前的危机叠加了多少危机；③研究危机需要对政治经济学中的政治和经济两个方面都进行深刻反思。

大卫·哈德利（David Hartley）[57]关注了经济危机与教育政策话语的关系。他认为1929年、1973年和2008年的经济危机都标志着一个经济周期内经济拓展阶段的结束，也预示着詹姆士·欧康诺（James O'Connor）[57]提出的"国家财政危机"的出现。在每次经济危机发生前后，一种以"规范"或者"承诺"为特征的管理言论就会出现。与经济繁荣阶段的"控制"或"理性"之类的言论相比，这些言论呈现出的是一种较为柔和的论调。当前的经济危机遵循的也是这种模式。在英国，已有迹象表明，适用于组织结构和教学过程的规管性言论，在其诉求上已变为"规范"。作者在文中引述了此种言论，并进行了示例分析。

关于全球金融危机与教育关系的地区性研究，有如下3篇较有代表性的文献。

帕翠莎·波尔驰（Patricia Burch）[58]指出，在过去的几十年中，美国联邦教育政策力求将公立教育与市场价值观协调一致，一直把市场化策略（例如学校评级、学校关闭、学校外包）作为改革公立学校的核心杠杆。从与学校和学区签约的11个全国性营利企业的财政数据来看，营利企业利用政策持续从公共税收中获益，甚至在全美公立学区为核心教学付费都相当艰难的时刻，营利企业仍能在不影响开支和学生成绩改善等证据支持下显示出销售业绩的增长。作者认为，在这种情况下，更紧密地监控这些企业的活动，变得必要且紧迫。政府在评估这些主要依赖公共资助来维持运营的企业的表现时，应该扮演更强硬的维护自身利益的角色。

莫家豪（Ka Ho Mok）[59]在《教育政策学报》撰文，审视了亚洲主要国家如何应对始于2008年年末的全球金融危机，探索了这些亚洲国家政府采取了哪些应对策略以维系教育发展。该研究凸显了国家在教育支持方面所扮演的重要角色。作者认为，特别是对于亚洲的发展中国家而言，当国外的财政资助锐减时，本国政府的政策起到了更加重要的作用。

艾沃·古德森（Ivor F. Goodson）[60]则根据一项提交欧洲委员会的、对2004～2008年间英国、爱尔兰、葡萄牙、西班牙、芬兰、瑞典和希腊7个欧洲国家教育改革的研究，提出了这样一个观点：通过研究国家层面的各种回应并理解不同历史时期教育变革所处的不同情境，人们渐渐对教育改革有了不同的看法。作者指出金融危机已经揭示了新自由主义思想的局限，这种局限体现在包括教育改革在内的诸多领域。

对教育政策领域中逐渐泛滥的新自由主义思想表达质疑与否定的，还包括如下两篇关注弱势/贫穷人群教育的研究。哈利·约瑟夫·塞沃斯伯格（Harry Joseph Savelsberg）[61]指出，澳大利亚青年人收入支持与教育政策一直强调增加入学率和保有率。这些政策的假设前提是：教育、就业以及社会包容之间存在一种积极正面的关系。通过对过去10年澳大利亚和其他国家（特别是英国）的研究，作者审视了这些假设，质疑这些政策是否达成了其宣称的目标，更进一步指出，这些政策背后深层的新自由主义哲学既妨碍弱势青年进入学校，也没有为其创造更积极的就业途径。很明显，这些政策没能帮助弱势青年完成社会阶层的转型。

吉萨·纳姆比山（Geetha B. Nambissan）[62]认为，对全球经济衰退的争论没有充分考虑到金融危机对于全球贫困人口特别是发展中国家的贫困人口及其教育意味着什么。已有研究表明，经济减速可能导致大量非正式的产业工作者陷入贫困，并给其子女的教育带来负面影响。由此，作者提出需要将对贫穷以及贫困者的教育置于一个比全球衰退或全国性的经济减速更广阔的情境中加以审视。在其论文中，作者聚焦于印度贫困人口的子女教育，并且将矛头指向将低端私立学校作为解决贫困者子女教育途径的新自由主义的倡议。作者认为，在印度，公共资助的学校教育理所当然需要提升，而以市场和营利为驱动力的私立学校则应该在国家教育体系中扮演次要的角色。作者呼吁教育理论家和实践者应尽快探讨由此带来的重要变化和启示。

（五）基于政府拨款的角度

2008年的金融危机亦引发了另一研究热点，即政府对高校的拨款和资助问题。罗伯特·陶特扣山（Robert K. Toutkoushian）和纳杰博·沙菲格

(Najeeb M. Shafiq)[63]使用了经济学的概念来检验美国州政府面临的一个选择：为大学提供拨款或向学生提供基于需要的经济资助。作者首先回顾了州政府支持高等教育的经济学理论依据，接着引入一个简单经济模型，用以比较财政拨款或者基于需要的资助这两种不同的支持高等教育的方式。作者提供了该模型的图形表述，并模拟了上述两种资助政策给高校招生带来的影响。他们的结论是，向学生提供基于需要的资助比向学校提供拨款更符合州政府的最大利益。作者在最后还讨论了使州政府的财政支援从向学校拨款转向对学生提供资助这一过程变得复杂化的若干因素。

美国高等教育经济学的著名学者威廉·多伊尔（William R. Doyle）[64]认为基于成绩的州级资助项目有数个主效应，学生注册数据上的变化便是其中之一。然而，这些项目也有次要效应，例如它造成了基于需要的州级资助项目的削减。作者假想基于成绩的州级资助是鲍加德纳和琼斯所称的"平衡剂"。对动态面板数据模型的估算结果显示，基于需要的资助在继续减少，但是基于成绩的资助的各种效应目前还尚未显现。联邦政府虽然减少了对公立学校的直接投资但并没有减少对贫困学生个人的资助，例如加州政府为每位低收入家庭的学生每年提供 1.3 万美元用以支付学费，年资助总额达数百亿美元。

斯坦福大学的霍克斯比（Hoxby）教授等人研究了金融危机中联邦政府对大学的刺激型资助如何影响了大学的收入、支出、聘用、学费、学生资助、永续型基金支出和州政府的拨款。研究结果显示，联邦政府的拨款促使私立大学增加科研投入，减少学费，增加对学生的奖助学金，并小幅降低永续型基金的支出比率。而公立大学则利用来自联邦政府的资助来增加独立性，并通过增加学费和其他价格减少对州政府的依赖。总体来说，联邦政府的刺激政策使大学增加了对研究和人力资本的投资。[65]

三、已有研究的不足

在分析 20 世纪 30 年代经济危机和亚洲金融危机对高等教育造成的影响时，从研究对象上看，已有研究大多从国家和地区的角度进行分析；从研究内容上看，有关这两次危机对高等教育造成的影响都是从"政府拨款"和"入学率"两个方面进行分析。

在针对此次国际金融危机对高等教育造成影响及应对策略的文献中，无论是研究对象还是研究内容都有了很大的进步。具体而言，从研究对象上看，增加了学校性质的维度，也有研究将研究对象的地理范围从国家层面缩小到某一个地区层面；从研究内容上看，分析的维度有所拓展，在政府拨款、入学率以外还增加了捐赠基金收入、课程设置、学费水平、教师数量等，但依旧有 3 点可以进一步完善。

（1）分析维度可进一步整合，从而更加全面且具有条理。综合而言，金融危机对高等教育的影响较多地体现在学校收入、捐赠基金、教师数量、教师工资、学生入学率、学费和奖学金等方面。为此，本研究将其整合为三大方面：收支状况、捐赠基金和教师学生。其中，"教师"不仅涵盖已有文献中被提及的教师数量和工资水平等指标，还将对"终身教职"和"非终身教职"两种类别的教师分别进行研究。

（2）研究对象的定位可进一步细化，研究对象的性质可进一步扩充。细化研究对象的定位，可进一步加强研究结果的针对性。由于各大学在办学水平、学校声誉以及大学排名等方面存在差异，其接受捐赠的水平和获取的科研经费亦存在差异。扩充研究对象的性质是指可跨地区（国别）对不同国家的大学进行比较分析。例如，英国经济也在此次国际金融危机中遭受了很大的打击，而英国大学的性质又相对模糊[66]，所以如果把英国的大学也纳入研究范围，并与美国的大学进行比较，将使得研究对象的种类更加全面。

（3）分析依据可以进一步量化。已有研究大多建立在理论分析的基础上，所用数据也大多只涉及宏观经济，而没有具体落实到一所大学在金融危机发生前和发生后的关键数据上，从而导致已有研究在呈现金融危机造成的影响时只能停留在宏观层面，而无法深入地直观呈现某一指标在金融危机发生前和发生后的变化，也就无法为后续的定性研究提供扎实的分析基础。

第二节　概念界定

本研究涉及的主要概念包括世界一流大学、国际金融危机、影响以及应对，以下将对这四大概念逐一梳理。

一、世界一流大学

目前，界定世界一流大学的标准尚未统一，但已有不少学者对世界一流大学的定义、特征和排名进行了研究。

就世界一流大学的定义而言，冯（John Vaugh）认为，世界一流大学应有足够广泛的学科领域，应当涵盖所有主要的学术和人文领域；被归为世界一流大学说明该大学的教育质量具备世界顶级水平，其地位受到了全世界大多数国家的关注和认可。[67]丁学良认为世界一流大学首先必须是研究型大学，是对人类社会做出了重大贡献并得到国际公认的高水平大学。[68]

就世界一流大学的特征而言，莱能（John Niland）认为世界一流大学大多具有开放的人才流动机制，聚集了世界上最优秀的研究人员和教师，吸引了世界上优秀的学生，有着良好的研究声誉，具有广阔的国际视野，它们的课程能够容纳世界各种文化，师生来自世界各地，毕业生也在世界各地工作。而且，世界一流大学还是优秀管理艺术的实践者，拥有众多的学科和充足的资源。[69]

就世界一流大学的排名而言，不同的研究专家、媒体和评估机构设置了不同的指标来评定世界一流大学，本研究主要采用上海交通大学高等教育研究院推出的"世界大学学术排名"（ARWU）和《泰晤士高等教育》推出的"世界大学排名"（THE）作为筛选样本学校的依据。"世界大学学术排名"旨在评价大学科研水平，其指标包括获诺贝尔奖和菲尔兹奖校友数、获诺贝尔奖和菲尔兹奖教师数、高引用科学家数、在《自然》（*Nature*）和《科学》（*Science*）上发表文章数、在科学引文索引扩展版（Social Citation Index Expanded，SCIE）和社会科学引文索引（Social Science Citation Index，SSCI）期刊上发文数以及人均加权指标。[70]该排名主要以客观的定量数据为基础，是国际研究者对大学学术水平进行划分的依据之一。"世界大学排名"是一项综合性排名，其指标包括教学、科研、引用、国际化、企业经费等，较为全面地评价了大学的各个方面，也是目前世界一流大学研究中经常使用的分析工具之一。[71]

二、研究型大学

1900 年，美国大学协会（Association of American University，AAU）诞生，

该组织第一次明确提出了"研究型大学"的概念，指出研究型大学必须满足"研究高深学问、开展研究生教育和促进知识进步"的要求。[72]1970年，美国卡耐基教学促进基金会（the Carnegie Foundation for the Advancement of Teaching）首次提出了研究型大学的界定标准，并依据每年从联邦政府获得的科研经费数量和授予博士学位的数量，将研究型大学分为Ⅰ类博士研究型大学（151所）和Ⅱ类博士研究型大学（110所），其中又具体细分为公立研究型大学和私立非营利性研究型大学。[73]本研究选取斯坦福大学、耶鲁大学、加州大学伯克利分校和华盛顿大学西雅图分校这4所卓越的、同时涵盖了公立和私立的研究型大学作为研究对象。

三、专职科研人员

专职科研人员是指拥有博士学位，在大学中只承担科研任务而无教学任务的研究人员[74]，简言之，这类人员专门从事项目研究。依据上海交通大学高等教育研究院"全球研究型大学信息数据库"（Global Research University Profiles，GRUP）的分类，专职科研人员包括研究型教授（Research Professor）、研究员（Research Staff）和博士后（Postdoctoral Fellow）三大系列。依据样本大学的实际情况，4所美国大学专职科研人员分类如表1所示。

表1　4所大学专职科研人员❶类别

学校	专职科研人员类别	
斯坦福大学	研究型教授（Research Professor）	研究型助理教授（Research Assistant Professor）
		研究型副教授（Research Associate Professor）
		研究型教授（Research Professor）
	研究型学术人员（Academic Staff－Research）	副研究员（Research Associate）
		高级研究科学家（Senior Research Scientist）
		高级研究工程师（Senior Research Engineer）
		高级研究学者（Senior Research Scholar）
	博士后研究员（Postdoctoral Fellow）	博士后研究员

---

❶ 不含医学院的专职科研人员。

学校	专职科研人员类别	
耶鲁大学	研究科学家（Research Scientist）	副研究科学家（Associate Research Scientist）
		研究科学家（Research Scientist）
		高级研究科学家（Senior Research Scientist）
	研究学者（Research Scholar）	副研究学者（Associate Research Scholar）
		研究学者（Research Scholar）
		高级研究学者（Senior Research Scholar）
	博士后研究员（Postdoctoral Fellow）	博士后研究员
加州大学伯克利分校	研究员（Research Staff）	助理研究员（Assistant Research）
		副研究员（Associate Research）
		研究员（Research）
	研究科学家（Project Scientist）	助理研究科学家（Assistant Project Scientist）
		副研究科学家（Associate Project Scientist）
		研究科学家（Project Scientist）
	研究型技术人员（Research Specialist）	初级专家（Junior Specialist）
		助理专家（Assistant Specialist）
		中级专家（Associate Specialist）
		专家（Specialist）
	博士后研究员（Postdoctoral Fellow）	博士后研究员
华盛顿大学西雅图分校	研究型教授（Research Professor）	研究型助理教授（Research Assistant Professor）
		研究型副教授（Research Associate Professor）
		研究型教授（Research Professor）
	研究员（Research Staff）	助理研究员（Assistant Research）
		副研究员（Associate Research）
		研究员（Research）
	博士后研究员（Postdoctoral Fellow）	博士后研究员

资料来源：各大学官方网站。

四、国际金融危机

　　金融危机是货币危机、信用危机、银行危机、债务危机和股市危机等的总称，一般指一国金融领域中出现异常剧烈的动荡和混乱，并对经济运行产生破坏性影响的一种经济现象。[75]主要表现为金融领域所有或者大部分金融指标急剧恶化,如信用遭到破坏,银行发生挤兑,大量金融机构破产倒闭,股市暴跌,资本外逃,银根奇缺,官方储备减少,货币大幅度贬值,偿债困难等。本研究中涉及的国际金融危机肇始于美国次贷危机,被称为21世纪以来最严重的一场国际性金融危机,也是近代以来影响范围最广的一场经济危机。[76]

因为过度的金融创新与金融自由化、过度放松的金融监管与分散的金融监管架构,2007年美国爆发了次贷危机[77];因为美国人过度消费的生活方式,这场次贷危机最先在美国国内演化为金融危机[78,79];全球实体经济失衡造成货币资本在国际间流动,而货币资本的国际流动又催生了虚拟经济的膨胀和萧条,由此形成流动性短缺,造成全球经济失衡,使得这场金融危机突破国别限制在全球范围内蔓延,最终演化为国际金融危机[80]。事实上,由次贷危机引发的国际金融危机是资本形态发展到国际金融资本时代、以虚拟资本为存在方式下的经济危机的表现形式,也是资本主义制度自身发展的必然结果。[81]

此次国际金融危机对世界各国经济都造成了较大的负面影响。对美国经济而言,此次危机不仅造成居民收入和消费者信心指数降低,而且抑制了投资者的投资能力、融资能力和投资意愿,导致美国整体的投资环境趋于萎靡。进口贸易的萎缩最终将金融危机的负面影响传染到其他国家,尤其是靠净出口拉动经济增长的国家和地区。对欧洲经济而言,此次危机使得银行业损失惨重,股市发生严重动荡,房地产业面临严重的流动性危机,各大银行普遍收紧信贷,欧洲经济增长速度明显放缓。对日本经济而言,此次危机导致日本金融机构蒙受严重损失,大量资金流回本土,引发日元升值,使出口企业的收益受损,加之信贷紧缩和市场信心受挫引发股市不断下跌,日本经济数据整体疲软,内需和外需的增长几乎停滞。对新兴市场国家的影响也较为严重,纺织行业、汽车行业、船舶行业等传统劳动密集型企业订单减少,整体低迷;钢铁和有色金属行业受国际市场影响,价格大幅度下跌;房地产行业则遭遇前所未见的"寒冬",成交量下滑、购房者信心减弱选择持币观望、空房率持续增加、毛利率下降,直接导致开发商现金流转不畅,出现收不抵支的局面。

此次金融危机与1998~1999年的东亚经济危机有很多相似之处:危机起源于金融系统,最先影响到专业人士和白领工作者。然而,与历次危机不同的是,此次金融危机虽然由发达国家而起,影响却迅速扩展到中低收入国家。[82]世界银行主席和国际货币基金总裁说道："危机已蔓延至全球，没有国家能免受其影响。"[83]

五、影　响

根据百科辞典对"影响"的注解，影响是指某一主体对别的事物或别人的思想（或行动）产生作用。[84] 而产生作用的形式又可分为直接作用和间接作用，与之对应的影响方式便是直接影响和间接影响。影响的持续时间可分为长期影响和短期影响。研究影响的基本方法是历史研究法和比较分析法。在研究影响的初级阶段，主要通过历史研究法挖掘已有资料中涉及影响关系存在的事实和证据，确立影响关系；在研究影响的高级阶段，则主要通过比较分析法在大量可靠事实和证据的基础上进行分析、归纳、推理、判断，最后导出结论。[85]

在本研究中，引发影响的主体为国际金融危机，受体为 6 所世界一流大学。探究的是国际金融危机对这 6 所世界一流大学的收支状况、捐赠基金、教师和学生三大方面即刻产生的作用，即短期直接影响。就研究方法而言，本研究严格遵守了历史研究法和比较分析法的实施方法，广泛搜集 6 所大学金融危机发生前后的财务报表、年度报告及大学各相关部门的统计数据，例如人事处、财务处统计发布的报告等。此外，本研究还收集了美国中学后教育数据整合系统（IPEDS）中有关这 6 所大学注册人数、教职工数量、开支状况及获得学位的人数等数据。在获得尽可能翔实的资料以后，本研究便运用比较分析法展开针对影响关系的分析、归纳、推理及判断，最终得出结论。

六、应　对

面对应激事件，个体会做出认知的、行为的努力以改变事件情景或者调节个体情绪，这些策略的使用被称为应对。[86] 关于应对的研究可以归结为研究路线、评定方法和统计技术等基本理论和技术问题。研究路线被归纳为 3 种：①应对方式路线；②应对过程路线；③应激情境路线。[83] 应对方式路线认为，个体的应对行为在不同应激情境下表现出相当的一致性，人的应对行为是其人格特征的具体表现。应对过程路线认为应对是一个过程，在应对过程不同阶段，个体采取的应对策略或许是不同的；而相同的策略在不同阶段使用，也可能产生不一样的效果。[84] 应激情境路线主要关注应激情境对个体应对策略选择的影响，认为不同类型的应激情境会激发不同类型的解决方式和应对过程。[87]

由此可见，应对情境路线重视应对情境对应对行为的影响，应对方式路线重视个体特征对应对行为的影响。换言之，在研究应对行为时需要综合考虑应对主体和应对情境两方面因素对应对行为产生的影响。在本研究中，国际金融危机为应对情境，各世界一流大学的特色为个体特征。具体而言，本研究将结合世界一流大学的特色，探讨它们在金融危机情境中采取的一系列应对行为，包括具体的应对措施和应对策略。

第三节　研究方法与研究对象

一、研究方法

本书主要采用实证分析法、历史研究法和比较研究法 3 种研究方法，采用定量分析与定性分析相结合的方式深入研究世界一流大学受国际金融危机的影响及应对策略。

（一）历史研究法

所谓历史研究（Historical Method），是以过去为中心的研究，是一个通过对已存在资料进行深入研究，寻找事实，并使用这些信息去描述、分析和解释过去的系统过程。[88] 其特征是"探索资料"而非"生产资料"；其核心是在还原历史的基础上进行"解释"；其意义在于，通过历史研究获得的大量史实，为教育决策提供蓝图，这有助于理解事情本身从而预测未来发展趋势，也有利于提供有效信息以避免重蹈覆辙。[88] 通常，历史研究的资料被划分为第一手资料和第二手资料。其中，第一手资料即某一事件的首次记录，第二手资料则是至少被转手一次的关于某一事件的叙述。历史研究的基本规则为，尽量使用第一手资料。[88]

本研究将运用历史研究法重点收集、研究各学校的年度报告、财务报表等记录资料，并将追踪收集各学校网站上公布的相关新闻等第一手资料，以求真实地还原金融危机发生前、发生时和发生后各大学的实际状况，为"解释"打下坚实的基础。同时，也将广泛收集与此相关的期刊论文、研究报告和学位论文等第二手资料，以便更充分地厘清各大学在金融危机时期采取的应对策略和措施，为提高我国大学应对复杂经济环境的能力提供有意义的借鉴。

（二） 实证分析法

所谓实证分析（Empirical Analysis）是指对经济现象、经济行为或经济活动及其发展趋势进行客观分析，得出一些规律性结论的研究方法。[88]它具有3个特点：①回答"是什么"的问题；②分析问题具有客观性；③所得结论可由经验事实进行验证。

金融危机对高等教育造成的影响广泛存在，涉及教育学、管理学和财政学等多门学科。本研究将以样本大学的具体数据作为分析基础，多层次、多角度地直观呈现金融危机对世界一流大学造成的影响，并深入分析这些影响产生的原因，旨在揭示世界一流大学面对金融危机时采取的应对措施背后所隐含的具有规律性、可为我国高校所借鉴的经验。

（三） 比较分析法

所谓比较分析法（Comparative Analysis Approach），是按照特定的指标系将客观事物加以比较，进而认识事物的本质和规律并做出正确的评价。对比分析法通常是把两个相互联系的指标数据进行比较，从数量上展示和说明研究对象规模的大小、水平的高低、速度的快慢以及各种关系是否协调。[89]

在本研究中，一方面，样本大学位于不同的国家和地区，各地的资助政策、财政实力、捐赠文化和科研基础存在差异，各地受到金融危机的影响不同；另一方面，世界一流大学的公立私立之分又使得它们在日常运营方面各具特色。这些都为多角度比较、进而全面研究金融危机对世界一流大学造成的影响提供了条件。并且，通过对这些不同类型的大学进行比较，我们可以从中探寻普适性的规律，从而为我国建设世界一流大学提供有益的启示。

一言以蔽之，本研究是运用比较视角进行历史研究的实证研究。

二、研究对象

（一） 大学的选取

本研究以上海交通大学高等教育研究院 2011 年"世界大学学术排名"（ARWU）和《泰晤士高等教育》2011 年"世界大学排名"（THE）作为选取研究对象的依据，选择了以下 6 所学校作为研究对象（见表 2）。

表2　样本大学

学校性质	学校名称	THE 排名位次（2011）*	ARWU 排名位次（2011）**
美国私立	哈佛大学	2	1
	耶鲁大学	11	11
美国公立	加州大学伯克利分校	10	2
	华盛顿大学西雅图分校	25	14
英国公立	牛津大学	4	10
	剑桥大学	6	5

数据来源：* 为 Academic Ranking of World Universities 2011；** 为 World University Rankings 2011 – 2012。

选择这6所学校作为研究对象的原因有：①它们涵盖了美国公立、美国私立和英国公立3种大学类型，为多角度、全方位比较分析不同类型的大学提供了可能性；②作为公认的世界一流大学，它们的数据获取程度较高，不仅来源丰富且可信度高，为本研究的开展提供了坚实的基础；③本研究的主要问题之一是探讨金融危机对大学捐赠基金产生的影响，而这6所大学捐赠基金的管理模式是上述3类大学中最为成熟的，并在金融危机爆发之前运作良好，收益稳定。这一特性有助于甄别、厘清金融危机对6所大学捐赠基金造成的影响。然而，由于这6所大学性质不同，所披露的信息也不完全相同，加之每个章节侧重的影响维度不同和其他研究机构数据可获得性不同，之后各个章节的研究对象将在此6所学校的基础上进行微调。

（二）时间段的选取

股市是经济的晴雨表，图8示意了代表美国股票市场风向的标准普尔500指数2007~2010年的走势。由图8可见，从股市上来看，2007年年中至2008年年中为金融危机的潜伏阶段：这一阶段次贷危机和金融危机已经开始酝酿，但对整体经济的影响还较为有限；2008年年中至2009年年中为金融危机的爆发阶段：这一阶段金融危机的影响完全体现，2008年第4季度至2009年第1季度美国的 GDP 同比下降了6%，失业率在2009年10月上升到了自1983年以来最高的10.1%[90]，工人每周的工作时间也下降到了历史最低水平[91]；2009年年中至2010年年中为金融危机的消退阶段：这一阶段金融危机的阴霾已经开始退去，经济开始逐步复苏。

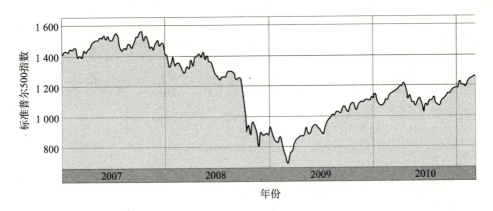

图 8 2007～2010 年标准普尔 500 指数走势

本研究涉及两种计年方式：一是财务年度，二为学年。美国大学的财务年度为前一年 7 月 1 日至当年 6 月 30 日，英国大学的财务年度为前一年 8 月 1 日至当年 7 月 31 日。故"2008 财年"对应金融危机爆发前，"2009 财年"对应金融危机爆发时，"2010 财年"对应金融危机爆发后。而大学的学年大多从当年的 8 月开始，直至第二年 5 月。所以比照学年来看，金融危机爆发前对应"2007 学年"，金融危机爆发时对应"2008 学年"，金融危机爆发后对应"2009 学年"。

本研究主要使用了两组数据，第一组数据来自美国中学后教育数据整合系统（IPEDS）。为了收集全国高等教育的统计资料，美国政府通过国家教育统计中心以法律的形式要求每一所参与联邦政府学生资助项目的院校报告学生注册人数、教职工数量、开支及获得学位的人数等。国会、联邦政府、州政府、学者、家长和学生均可从中获取高等院校的信息。第二组数据来自于各大学在其官网上公布的年度报告、财务报告以及大学相关部门的统计数据，例如人事处、财务处统计发布的报告等。

同时，为便于比较英国大学和美国大学的情况，本研究统一用美元作为计算单位。为排除不同时期汇率变化对英国大学数据造成的影响，剑桥大学和牛津大学的所有数据统一按照 2010 年 8 月 1 日英镑兑美元的汇率进行了换算。

第三章　金融危机对世界一流大学收入和支出的影响及大学的应对

资金无疑是大学发展的基础和保障。任何一个组织，无论是营利性还是非营利性的，收支平衡都是其长久存续下去的基础。大学亦不例外。获得高额的资金支持是学校提供高质量教学与科研活动的必要条件。布朗尼（Browne）的报告指出英国只有增加对高等教育的投资才能保证社会的流动性并在知识经济中增强国家的竞争力。[92] 历史上，金融危机给大学带来不良影响的案例屡见不鲜。例如，20 世纪 30 年代的经济危机导致美国高等院校注册人数减少，高校收入骤减；20 世纪 90 年代的亚洲金融风暴导致印度尼西亚等国入学率下降。争取更多的慈善捐赠往往是世界一流大学的工作重点之一。库克（Cook）和拉舍（Lasher）的研究表明，20 世纪 70 年代以来美国大学的资金运动和募捐活动越来越频繁，规模也越来越大，校长不仅被期待也经常被要求积极参与各种募捐活动。[93] 哈佛大学在 2004 年发起了一项哈佛财政资助计划（Harvard Financial Aid Initiative）主要用于减免低收入家庭学生的学费。

作为单位经济体，金融危机对大学造成的影响直接体现在收入和支出的变化上。本章从整体收支状况、收入来源和支出渠道 3 个方面剖析了此次国际金融危机对世界一流大学财务的影响。其中，对整体收支状况的影响包括 3 个方面，分别是总收入、总支出以及收入支出的相对水平。

第一节　金融危机对世界一流大学整体收支状况的影响

一、金融危机对总收入的影响

表 3 数据表明，6 所学校的总收入在金融危机发生前均处于稳定增长态

势，在金融危机影响最为严重的 2009 财年，有 5 所学校依旧保持了上涨势头，但是涨幅有所减少。华盛顿大学西雅图分校因为在 2009 财年损失了 4.67 亿美元的投资收入，造成总收入较 2008 财年减少了 11.18%，然而其当年的营运收入为 29 亿美元，较 2008 财年增加了 1.7 亿美元。在金融危机发生后的 2010 财年，除哈佛大学由于捐赠基金支出减少了 1 亿美元造成总收入减少 2.15% 以外，其余 5 所大学的总收入依旧处于增加态势，华盛顿大学西雅图分校更是有赖于投资收入的大幅增加而出现了 27.98% 的涨幅，使总收入增加了 8.67 亿美元。由此可见，金融危机并未导致这 6 所大学总收入大幅减少，只是降低了增加的幅度。

值得注意的是，由于剑桥大学自 2006 财年起把考试及测评服务收入和出版社收入计入总收入，造成 2006 财年的总收入比 2005 财年上涨 69.44%，约 6 亿美元。

表 3　2001～2010 财年 6 所大学总收入变化表

单位：亿美元

财　　年	哈佛大学	耶鲁大学	加州大学伯克利分校	华盛顿大学西雅图分校	牛津大学	剑桥大学
2001 财年基数	—	13.52	14.35	21.52	6.52	—
2002 财年同比	23.49（基数）	+8.4%	-8.5%	+4.88%	+4.75%	—
2003 财年同比	+5.24%	+5.93%	+7.77%	+18.56%	+7.32%	—
2004 财年同比	+5.09%	+8.05%	+6.57%	+6.17%	+6.55%	7.91（基数）
2005 财年同比	+7.81%	+9.42%	+1.59%	+8.03%	+8.58%	+6.32%
2006 财年同比	+7.07%	+7.35%	+4.24%	+7.79%	+14.86%	+69.44%
2007 财年同比	+7.07%	+7.61%	+5.26%	+12.27%	+11.09%	+6.38%
2008 财年同比	+8.47%	+10.7%	+6.42%	-6.06%	+12.74%	+13.25%
2009 财年同比	+9.33%	+10.39%	+4.42%	-11.18%	+12.93%	+5.59%
2010 财年同比	-2.15%	+3.43%	+9.31%	+27.98%	+2.03%	+4.9%

数据来源：6 所大学 2001～2010 财年财务报表。

二、金融危机对总支出的影响

除了收入以外，支出也是大学财政的一个主要方面。由表 4 可知，在金融危机发生前，这6所大学的支出水平均处于增加态势，且涨幅较大。但在金融危机发生后的2010财年，这6所大学的支出水平受到一定影响。哈佛大学减少了3 200万美元的支出费用，其余5所大学的涨幅均小于金融危机发生前，其中加州大学伯克利分校只上涨了1.0%。

表4 2001~2010财年6所大学总支出变化表

单位：亿美元

财　年	哈佛大学	耶鲁大学	加州大学 伯克利分校	华盛顿大学 西雅图分校	牛津大学	剑桥大学
2001财年基数	20.63	13.34	12.86	21.73	6.19	—
2002财年同比	+9.64%	+6.97%	+4.89%	+5.24%	+5.98%	—
2003财年同比	+7.57%	+8.13%	+5.04%	+6.83%	+8.54%	—
2004财年同比	+5.26%	+8.61%	+3.46%	+5.15%	+9.13%	8.15（基数）
2005财年同比	+7.67%	+6.64%	+4.84%	+6.74%	+7.85%	+2.58%
2006财年同比	+8.78%	+8.38%	+3.37%	+5.42%	+15.63%	+68.78%
2007财年同比	+5.71%	+7.38%	+6.09%	+6.07%	+11.25%	+7.23%
2008财年同比	+9.28%	+9.77%	+7.06%	+6.92%	+12.85%	+11.57%
2009财年同比	+8.58%	+7.62%	+4.82%	+4.42%	+15.69%	+9.57%
2010财年同比	−0.86%	+3.0%	+1.0%	+1.87%	+2.09%	+3.03%

数据来源：6所大学2001~2010财年财务报表。

三、金融危机对收支比的影响

作为教育机构，大学在努力争取尽可能多的资金的同时，也尽量把这些资金全部花出去，以获得更宽敞的教学空间、更优良的教学设施、更人性化的教学服务、更先进的教学手段、更高端的科研设备、更深入的调查研究、更详细的科研计划以及更综合的科研组织。[91]可以说，一流大学的成本几乎存在无限扩张的可能性。依据鲍恩（David Bowen）提出的"成本收入理论"（Revenue Theory of Cost），大学的支出水平是财政收入的一个函数，只要学院和大学创造更多的收入，支出也就会随之无限上涨。[94]所以，大学财务的最佳状态为收支平衡，即收支比愈接近1愈佳。如果大于1，表明收入大于支出；如果小于1，则说明收入小于支出。总体而言，这6所大学在金融危机发生前后整体财务状况均趋于收支平衡（见表 5）。即使有学校在金融危机发生后出现支出大于收入的情况，例如剑桥大学、牛津大学和加州大学伯克利分校，但是两者之间的差值均保持在 2% 的范围之内，仍属于健康的财务状态。其中，华盛顿大学西雅图分校因为 2009 财年的投资收入大幅减少导致账面上的总收入显著减少（但其运营收入并未减少），而支出水平又较 2008 财年上涨了 4%，所以造成 2009 财年的收支比仅为 0.9。

表5　2001～2010 财年 6 所大学收支比变化表

财　　年	哈佛大学	耶鲁大学	加州大学伯克利分校	华盛顿大学西雅图分校	牛津大学	剑桥大学
2001	—	1.013	1.115	0.990	1.050	—
2002	1.040	1.027	0.973	0.986	1.040	—
2003	1.020	1.006	0.998	1.094	1.029	—
2004	1.014	1.000	1.029	1.104	1.005	0.970
2005	1.016	1.027	0.996	1.117	1.012	1.005
2006	1.000	1.000	1.005	1.143	1.004	1.009
2007	1.013	1.000	0.997	1.210	1.003	1.002
2008	1.005	1.010	0.992	1.062	1.019	1.018
2009	1.012	1.040	0.987	0.900	0.995	0.980
2010	0.990	1.045	1.069	1.136	0.995	0.999

数据来源：6 所大学 2001～2010 财年财务报表。

在学生贷款和资助方面，虽然有联邦政府的担保，许多金融机构在危机发生后还是考虑是否要退出联邦政府贷款项目，这使得学校不得不努力确保学生有贷款提供者的资助。与此同时，学生贷款的个人市场就更加动荡了。根据大学委员会（the College Board）的报告，2007～2008 学年，学生的私人贷款数额同比下降 1%，2008～2009 学年这一下降趋势还将继续。

为了应对这一变化，大学更多地转向联邦直接贷款项目（Federal Direct Student Loan）来避免信用市场波动可能会带来的不良影响。在直接贷款项目下，联邦学生贷款基金直接来自联邦政府，而不是银行或其他私人借款者。《高等教育纪事》（the Chronicle of Higher Education）报道称，与 2007 年相比，以银行为基础的联邦家庭教育贷款项目（Federal Family Education Loan

Program）贷款金额增加了 7%，而直接贷款金额则增加了 50%。直接贷款计划现在已占到联邦学生贷款资助总额的 30%。有预测认为 2009～2010 学年直接贷款额度占比会增加到一半以上。

联邦贷款的增长还伴随着对以高等教育机构为单位的财政需求不断增加的担忧。全国独立学院与大学联合会（National Association of Independent Colleges and Universities，NAICU）的调查发现，75% 的私立大学提出了增加以机构为单位的财政资助的要求。在那些资助需求增加的机构，17% 的学校不得不削减其他方面的支出，11% 的机构要从他们的永续型基金中提取额外的资金。

第二节　金融危机对世界一流大学主要收入来源的影响及大学的应对

上述分析可知，金融危机并未对这 6 所世界一流大学整体财务状况造成严重负面影响，这 6 所学校的财务状况在金融危机发生后依旧保持了收支平衡。然而，金融危机降低了高等教育所获得的资助水平。因为在危机之下，政府很难保持或提高资助的实际购买力，一些企业进行教育捐赠的能力被削弱，失业或收入减少也使得家庭对子女教育的投资能力有所下降。下文将对 6 所大学的主要收入来源逐一进行分析，以便深入考察金融危机对世界一流大学收入水平造成的影响。

通常，美国公立大学的主要收入来源包括：教学拨款、科研经费、学费收入以及销售和服务收入。对美国私立大学而言，捐赠基金支出则是数额最大、占比最高的收入渠道，其次是科研拨款、学费收入及销售和服务收入。以 2007 财年为例，哈佛大学和耶鲁大学捐赠基金支出金额在总收入中所占比例很高，约为总收入的 1/3。而身为公立大学的加州大学伯克利分校、华盛顿大学西雅图分校，其捐赠基金支出还不到总收入的 1/20（见表 6）。牛津大学和剑桥大学收入来源分布与美国公立大学类似，对它们而言，教学拨款亦是主要收入来源之一，而捐赠基金支出占总收入之比则相对较低。

表6　2007 财年 6 所大学主要收入来源占总收入之比

大　　学	教学拨款	科研拨款	学费收入	捐赠基金支出	销售和服务收入	5 项收入之和占总收入之比
哈佛大学	无此项收入	20%	20%	33%	21%	94%
耶鲁大学	无此项收入	25%	12%	32%	18%	87%
加州大学伯克利分校	28%	31%	18%	4%	12%	93%
华盛顿大学西雅图分校	10%	27%	11%	2%	27%	77%
牛津大学	27%	35%	14%	5%	19%	100%
剑桥大学	19%	22%	7%	7%	45%	100%

数据来源：6 所大学 2007 财年财务报表。

　　高等教育机构接受的来自联邦政府的收入主要体现在两个方面：科研相关经费（以拨款和合同的形式）和学生资助（大部分给予低收入家庭的学生）。2002～2007 年间，这些资助一直变化不大，在金融危机后才有了明显的提升。在 2007～2008 学年和 2009～2010 学年，来自联邦政府的科研经费收入，以美元实际价值衡量，增加了 14%，学生资助更是增长了 80%。

　　具体来说，美国联邦政府资助计划包括增加约 300 亿美元面向学生的资助和 540 亿美元面向公立学校的资助，公立大学和社区大学是主要受益者。另一项额外的大约 160 亿美元的科研基金将主要用于研究型大学，包括公立研究型大学和私立研究型大学。虽然刺激计划的总量是巨大的，在一定程度上弥补了宏观经济下行带来的压力，但是对流动性不足和资本市场动荡带来的运营压力难以奏效。不过重要的是，来自中央政府的资金为各个大学的危机应对提供了缓冲，为学校管理层调整各项预算和资本计划争取了时间。除了相关的学生资助和科研基金，相对而言，私立院校从刺激计划中获得的直接受益较少。

　　然而，把刺激政策当作走出衰退的有效工具，这种方法存在一些问题。除了滞后性和开放经济的渗出效应，最主要的质疑为受资助的学校很可能会"储蓄"而不是及时将这些资助用于发放员工工资和购买商品上。这并不是说学校真的把钱全部存起来，而是指学校将部分资金另做他用。例如，学校预期未来政府的资助水平会下降，这样他们就会把一部分资金留到未来继续使用；或者联邦政府的资助很充足，学校就会把本来计划用在这个项目上的非联邦政府资金用在其他项目上。因此，每一美元刺激性的联邦资助所带来的支出可能会小于一美元。而且，无论是公立学校还是私立学校都不愿为一时资助的增加而设立长期或永久性的职位。

通常来说，科研只是学校众多需要分配资金的项目中的一个，其他使用资金的重点领域包括教学，基础建设，学生资助，公共服务、设备的运营与维护等。如果学校想要让资金效用最大化，资金的分配就应该取无差异曲线和预算线切点处的配置组合。以中央政府科研资金为例，增加的收入会使学校的预算线外扩。如果学校把这笔额外收入中的每一分钱都花费在科研上而对其他项目的分配不变，这就是"粘蝇纸效应"。联邦政府资助的每一分钱都粘在指定花费的地方，这意味着联邦政府的资助将全部用于科研（这也是法律的要求），且没有引起其他收入的再分配。然而联邦政府不同类型资助的限制条件有所差别，那些没有严格指定用途的联邦政府资助就可能引起学校资金的再分配。联邦基金能够相对减少学校对州政府资金的依赖，增强学校与州政府协商时的地位，使学校可以从满足州政府的目标中转移到满足自己的目标中来。

一些私立学校在得到联邦政府的科研资助后，就可以把本来用于科研的资金转移到其他地方，例如降低学费，增加对学生的补助，甚至可以维持没有资助时不得不削减的职位。他们也可能不会在当期将资助全部花费，而是留一部分在未来使用并小幅度减少永续型基金的支出比率。实际上，私立大学对刺激性联邦资金的使用正如经济理论预测的一样：①在得到联邦政府的资助后，私立学校依旧会最大化相同的目标；②这些目标要求他们将支出花费在许多不同的项目上；③资助资金的限制使得将绝大部分资金更为有效地花费于其指定的项目上。

就公立大学对政府资助经费的使用情况来看，霍克斯比[65]等人得出：①在危机时期，除了维持对高等教育机构的拨款，州政府还有其他需要考虑的目标；②州政府和公立大学都表示，在金融危机中不得不提高学费时，一大部分高等教育的潜在学生实际上都可以负担得起，因为入学率并没有下降；③州政府和大学都愿意通过减少拨款以换取更大的独立性（如提高学费，录取更多州外学生）；④当大型公立研究型大学的收入更多来自学费和联邦政府资助而较少来自州政府的拨款时，与其他项目相比，这些大学在科研和教学上支出的也更多。

在经济危机时期，高等教育往往会不成比例地承受更多损失。这是因为其他需要政府履行职能的方面对资金的需求也大大增加，例如医疗和公共救助等。而在教育的支出中，小学和初等教育（即 K - 12 Education）往往是各州最大的一项支出，而且这部分开支很难削减。与其他公共开支项目相比，州政府并没有义务为不断增加的录取人员提供资助，也不会定额为每位学生提供补贴。更重要的是，在经济下行时期，高等教育的"购买者"还会被要求支付更多的学费。这样，州政府就会把有限的资金投入到其他需要的地方。

一、教学拨款

所谓教学拨款，是高等教育拨款的一种，旨在支持高等学校的教学，属于非竞争性拨款。一般而言，在美国，拨款对象大多为公立四年制大学和社区学院，私立院校很少获得该项拨款；在英国，除开放大学和白金汉大学以外，其余大学均享受此项拨款。

由于美国高等教育采取"以州政府管理和统筹为基础和核心"的分权化管理体制[95]，州政府负有对高等院校（主要是公立院校）的全面责任，所以其拨款模式具有"联邦和州政府相结合"的特点。具体说来，州政府和地方政府是教学拨款的主要来源，联邦政府的高等教育拨款则主要体现在学生资助和科研拨款两个方面。

在美国，各州分权而治，州政府在划拨教学经费时大多会立足于本州实际，财力雄厚时拨款较多，财力薄弱时则量力而行。[96]一般情况下，州政府是在往年预算的基础上增量调整以确定每年的预算，如果当年有足够的资金，那么就有可能提高预算。换言之，高等教育的预算增加与否，取决于州政府是否拥有可用于增加拨款的资金。如果资金状况不良，就有可能减少预算。金融危机期间，加州政府财政赤字总额高达 240 亿美元，时任州长施瓦辛格（Arnold Schwarzenegger）宣布该州进入财政紧急状态。[95]加州政府也首次削减 156 亿美元的政府开支，额外借贷 39 亿美元，并推迟支付总额为 12 亿美元的州公务员工资。受此影响，加州大学伯克利分校 2009 财年的州政府拨款较金融危机发生之前的 2008 财年减少了近两亿美元，在总收入中所占比例骤降 11%，且在 2010 财年继续减少。对于另一所公立大学——华盛顿大学西雅图分校而言，金融危机亦对州政府拨款产生负面影响，但相比于加州大学伯克利分校降幅较小。具体说来，华盛顿大学西雅图分校 2009 财年接受的州政府拨款比 2008 财年同比减少 300 万美元，2010 财年比 2009 财年同比减少 8 200 万美元。

与美国高等教育财政体制在分权制下的分散型特点不同，英国高等教育财政体制具有典型的集中管理特征。遵循中央立法是英国高等教育财政拨款的前提。英国政府对高等教育的拨款部门和机构分为 4 个层级：议会、政府主管部门、高等教育拨款机构和大学。在英国，按照分布区域的不同，主要有 4 个高等教育拨款机构：英格兰高等教育资助委员会（HEFCE）、威尔士高等教育资助委员会（HEFCW）、苏格兰高等教育资助委员会（SHEFC）和北爱尔兰就业与学习部（DEL）。其中，只有北爱尔兰就业与学习部是由政府部门决定拨款金额，其余 3 个均不是政府机构，其拨款金额均由议会决定。高等教育资助委员会主要管理教育经常费，教学拨款是教育经常费的一大组成部分。由于牛津大学和剑桥大学坐落于英格兰地区，其教学经常费则由英格兰高等教育基金委员会划拨。

与美国大学不同，金融危机发生后的 2009 财年和 2010 财年，牛津大学和剑桥大学的教学拨款并未减少，在总收入中所占比例也未降低（见表 7）。这是因为议会在此前已经做好了 2009 财年和 2010 财年拨款金额的预算。而英国政府在 2010 年 7 月则宣布，为减少由此次金融危机引发的财政赤字，未来几年将会削减高等教育经费预算，这意味着未来几年里英国大学的教学拨款会因此次金融危机的出现而有所减少。

表7　2001～2010 财年 4 所大学教学拨款变化表

单位：亿美元

财年	加州大学伯克利分校		华盛顿大学西雅图分校		牛津大学		剑桥大学	
	金额	占比	金额	占比	金额	占比	金额	占比
2001	5.00	35%	3.42	16%	2.03	31%	—	—
2002	5.20	40%	3.44	15%	2.14	31%	—	—
2003	4.97	35%	3.33	12%	2.12	29%	—	—
2004	4.51	30%	3.10	11%	2.33	30%	2.48	31%
2005	4.21	27%	3.23	11%	2.54	30%	2.59	31%
2006	4.38	27%	3.39	10%	2.67	27%	2.85	20%
2007	4.75	28%	3.66	10%	2.88	27%	2.93	19%
2008	5.06	28%	3.88	11%	2.98	24%	3.23	19%
2009	3.19	17%	3.85	12%	3.12	23%	3.28	18%
2010	3.18	16%	3.03	8%	3.25	23%	3.28	17%

数据来源：4 所大学 2001～2010 财年财务报表。

二、科研拨款

科研拨款是英美两国高等教育财政拨款的重要组成部分，大部分属于竞争性拨款。在美国，各高校的科研经费主要来源于联邦政府。就拨款方式而言，主要有两种：①竞争性的同行评议拨款，即联邦政府以招标的方式，通过与中标高校签订合同完成拨款。这是一种公开发布、平等竞争、择优授予的研究资助，不同类型的机构申请者和个人申请者在平等的条件下，向联邦政府提交项目规划和申请，随后进入项目论证和同行评议过程。参与评议的都是活跃在科研第一线、具有丰富研究经验和杰出学术成就的学者，评议内容主要涉及研究项目是否属于前沿性课题、是否具有新颖的学术思想、研究项目前景如何、能否得到令人满意的结果、课题是否为当前国家优先发展项目、与本部门职能是否相符等。根据同行评议的结果，由联邦政府决定科研拨款的去向。②学术专项拨款（Academic Earmark Funding），此为不经过同行评议的非竞争性拨款，是对竞争性拨款的一种补充与修正，所占份额不大。学术专项拨款并不包括在行政部门的预算之中，而是国会议员在国会制定拨款法时为自己的州（选区）或自己特别热心的某个具体项目竭力争取的一种款项，其中用于资助大学科研的就是学术专项拨款，它的决策过程是一种政治过程。就拨款对象而言，同行评议拨款对大学的公私立性质是不加区分、同等对待的，大部分科研经费都流向了研究实力较强、能够承担国家科技发展前沿课题的研究型大学。事实上，美国的同行评议拨款中有80%给了排名前100位的大学。[97]而对于一些科研实力稍弱的大学而言，借助议员的支持，绕过竞争激烈的同行评议过程获取专项拨款成了一种筹措科研经费的终南捷径。

美国的科研拨款体系具有"多元分散"的特点。联邦政府没有设立内阁级别的科学部，因而由联邦机构统一管理科研拨款事宜。尽管在美国历史上曾经有4次设立内阁级科学部或科技部的倡议，但都无果而终。以"有限政府"为特征的美国联邦行政机构在科研拨款问题上并不采取集中管理的措施，而是认为"适度集中、鼓励竞争，政府在科学研究中的作用不与个人、大学或科学团体相互冲突"[98]。这既是指在科研活动执行体系方面，联邦政府不应介入大学、企业、非营利机构能执行得很出色的领域，同时也意味着资助非政府科研机构的责任不能集中在某一个部门。由于没有内阁级别的科学部，因而实施科学政策、组织科研活动、资助大学科研活动的任务就分散在各个联邦职能部门中。一些与科研活动关系密切、科学研究对部门的职责有重要影响的职能机构为了实现自己的任务，都有各自的科研计划，同时也为政府外的科研机构拨款。向大学以及大学主办的研究和发展中心提供赞助经费最多的联邦机构是卫生与人类服务部（United States Department of Health and Human Services）（包括国家卫生研究院），然后依次是能源部（United States Department of Energy）（包括原子能委员会）、国家科学基金会（National Science Foundation）、国家航空和宇宙航行局（National Aeronautics and Space Administration）、国防部（United States Department of Defense）和教育部（Department of Education）等。这些部门与其他零散资助大学科研的联邦职能部门一起构成了联邦政府的科研资助体系。

在英国，科研拨款包括两部分：一是由高等教育资助委员会拨付的教育经常费拨款❶中的科研经费；二是由英国各大研究理事会（Research Council）提供的科研拨款以及与政府部门和其他公共组织签订科研合同所得的经费。英国共有7个研究理事会：艺术与人文学科研究理事会（AHRC）、生物技术与生命科学研究理事会（BBSRC）、经济学与社会科学研究理事会（ESRC）、工程与物理科学研究理事会（EPSRC）、医学研究理事会（MRC）、自然环境研究理事会（NERC）、科学与技术理事会（STFC）。

由高等教育资助委员会负责的科研拨款主要包括：科研质量拨款、科研合同附加拨款和科研发展拨款3个方面。高等教育资助委员会根据各大学当年的科研质量和水平决定下一年的拨款金额，绩效出色的大学将得到更大份额。由研究理事会提供的科研拨款主体是科研项目拨款，包括：科研项目拨款、研究生学额资助和奖学金资助、向大学提供一流的科研设施以及代向国际研究机构交纳相关会费。研究理事会亦采取竞争性拨款方式，通过评估有关大学的科研项目执行情况择优支持具体科研项目。一般而言，经研究理事会审核、拨付的科研经费只能用于资助批准的科研项目本身；高等教育基金委员会的科研拨款主要用于提升和完善各大学的科研设施，并可用于支付研究人员工资、购置科

---

❶ 英国高校的教育经常费拨款由高等教育基金委员会拨付的科研拨款和上文提及的教学拨款两部分组成，为通过国家财政下达给大学的基本运行经费。

研设备等。本研究选取的 6 所大学均为世界一流的研究型大学，凭借其卓越的科研实力，科研拨款是这些大学的主要收入来源之一。

金融危机发生后，为促进经济复苏，2009 年 2 月美国总统奥巴马（Barack H. Obama）签署实施《重建和再投资法案》（ARRA），其中包括将总额为 215 亿美元的科研经费划拨给各大学和科研机构。截至 2010 年，哈佛大学合计接收了 1.57 亿美元，耶鲁大学为 0.962 亿美元，加州大学伯克利分校为 1.39 亿美元，华盛顿大学为 3.27 亿美元（包括医学院）。州政府的拨款通常只占学校运营收入的 1/3，这些公共资金主要用在工资和其他福利支出方面。美国一些大型的研究院校是公立学校，因此得益于联邦政府的刺激计划，近几年他们在研究方面应该会有所作为。

同样，2008 年 11 月 26 日，欧盟委员会在多方讨论和协商的基础上推出应对金融危机的大规模经济刺激方案——《欧洲经济复苏计划》（EERP），也将研究创新作为经济复苏计划的核心任务。作为计划的一部分，截至 2010 财年，英格兰高等教育基金委员会在评估了各大学和科研机构的科研质量后，依据评估结果将总计 20 亿英镑的科研经费划拨至各大学和科研机构以支持其开展世界先进水平的研究工作。[99]

现在，科研经费的来源更加广泛：除了中央政府和地方政府的支持，日益庞大的大学基金和校友捐赠、来自公司和非政府机构的资金也扮演越来越重要角色。大学科研经费来源的多元化证明了世界一流大学应对金融危机并转危为机的能力。赖默尔（Reimer）和雅各布（Jacob）[100] 提到，大学的研究水平对其来说至关重要，不仅可以与其他研究机构竞争优秀的研究人员，而且可以吸引一些公司来投资与合作。加州大学伯克利分校 2013 年的报告显示，在 2012 年的科研经费中来自公司的资助已超过 11%，州政府的资助在全部支出中的比例下降到 12%，而私人慈善捐助已达到 20%。

受益于额外划拨的科研经费，这 6 所大学的科研经费在金融危机发生以后未减反增，美国 4 所大学科研经费的涨幅均大于金融危机发生前的水平（见表 8）。

表8 2001~2010 财年 6 所大学科研经费变化表

单位：亿美元

财　　年	哈佛大学		耶鲁大学		加州大学伯克利分校		华盛顿大学西雅图分校		牛津大学		剑桥大学	
	金额	占比	金额	占比	金额	占比	金额	占比	金额	占比	金额	占比
2001 财年基数	3.57	27%	3.82	28%	4.01	28%	5.71	27%	2.28	35%	—	—
2002 财年同比	+13%	24%	+9%	28%	0	31%	+5%	27%	+5%	35%	—	—
2003 财年同比	+5%	17%	+10%	29%	+17%	33%	+41%	32%	+9%	36%	—	—
2004 财年同比	+13%	18%	+7%	30%	+6%	33%	+6%	32%	+7%	36%	2.82（基数）	36%
2005 财年同比	+8%	22%	+3%	29%	+2%	33%	+6%	31%	+6%	35%	+7%	36%
2006 财年同比	+1%	21%	+4%	27%	0	32%	+5%	30%	+16%	35%	+8%	23%
2007 财年同比	+1%	20%	0	25%	+1%	31%	0	27%	+16%	37%	+4%	22%
2008 财年同比	+4%	19%	+7%	24%	+6%	30%	+6%	30%	+15%	37%	+15%	23%
2009 财年同比	+7%	19%	+5%	23%	+7%	31%	+5%	36%	+20%	40%	+7%	23%
2010 财年同比	+9%	21%	+9%	24%	+13%	32%	+12%	32%	+8%	42%	+3%	23%

数据来源：6 所大学 2001~2010 财年财务报表。

三、学费收入

学费收入在高校办学经费中占有重要地位。通常，学费收入水平和学生资助水平联系紧密。学生资助的目的可归结为两点：一是吸引优秀学生，以提高学生群体的质量；二是吸引付不起学费的学生，以此将招生数量提高到期望水平。所以学费收入水平取决于两大因素：一是当年的学费水平和注册学生数，二者之积即为应收学费收入；二是当年奖助学金的发放水平。一般而言，各大学公布的学费收入为实际学费收入，亦被称为净学费收入，即用应收学费收入减去支付的奖助学金金额得到的学费收入。本研究中的学费收入即为实际学费收入。

美国大学拥有学费定价自主权，可在本州法律的基础上自主设定学费。因此不同大学的学费水平存在较大差异。例如，美国私立大学通常采取"高学费/高资助"的学费政策，其学费水平一直较高。美国的公立大学大多将学费视作"经营运算成本和州政府拨款之间的差额"[101]，所以，当教学服务成本的增长速度快于学费收入的增长速度时，为应付生产成本的增加，公立大学大多会提高学费水平。

英国政府根据"受益者分担教育成本"的原则，自 1998 学年起开始对高等教育收取学费。与美国大学不同，英国大学设置学费时必须遵循政府颁布的高等教育法案，以法案公布的最高额度为准绳，在最高额度未调整之前，可根据当年的通货膨胀率适当上调学费。所以英国大学的学费水平较为一致。与其他英国大学不同的是，牛津大学和剑桥大学会额外收取学院费（College Fee）。

公立学校面临着诸多问题：不断增加的学生需求，不得不控制的班级规模以及州政府资助减少后不能随意增加的学费。在大多数州，营运现金流主要由州政府的资助和学生市场的需求决定。因为无法通过涨学费来应对需求和增加收入，许多学校只好限制录取的人数，即使是符合条件的学生也不能被录取。这是金融危机前许多学校不曾遇到过的问题。

由表 9 可知，在金融危机爆发时，身为公立大学的加州大学伯克利分校、华盛顿大学西雅图分校以及牛津大学、剑桥大学的学费收入上涨幅度较为明显。与之相反，身为私立大学的哈佛大学和耶鲁大学则略有减少。

表9　2001~2010 财年 6 所大学学费收入变化表

单位：亿美元

财　　年	哈佛大学		耶鲁大学		加州大学伯克利分校		华盛顿大学西雅图分校		牛津大学		剑桥大学	
	金额	占比	金额	占比	金额	占比	金额	占比	金额	占比	金额	占比
2001 财年基数	—	—	2.00	15%	2.02	14%	2.66	12%	0.68	10%	—	
2002 财年同比	—	—	+5%	14%	-18%	15%	-6%	11%	+12%	11%	—	
2003 财年同比	—	—	+1%	14%	+1%	14%	+13%	11%	+17%	11%	—	
2004 财年同比	—	—	+3%	13%	+22%	16%	+8%	11%	+8%	12%	0.92（基数）	12%
2005 财年同比	5.86（基数）	21%	+4%	14%	+11%	18%	+9%	11%	+12%	13%	-2%	11%
2006 财年同比	+5%	21%	+5%	13%	+6%	18%	+8%	11%	+29%	14%	+5%	7%
2007 财年同比	+7%	20%	0	12%	+6%	18%	+11%	11%	+8%	14%	+15%	7%
2008 财年同比	+4%	20%	+4%	12%	+7%	19%	+6%	12%	+17%	14%	+13%	7%
2009 财年同比	-1%	18%	-7%	9%	+9%	18%	+9%	15%	+11%	14%	+19%	8%
2010 财年同比	+5%	19%	-2%	8%	+14%	20%	+15%	13%	+12%	16%	+11%	9%

数据来源：6 所大学 2001~2010 财年财务报表。

一直以来，对这些学校而言，创造更高的营运利润率不过是一种备选方案，因为他们在其他方面的信用优势使得他们不必选择最大化学费的价格策略。这些学校往往是重要的科研机构，因此也可寄希望于联邦政府的刺激计划来资助他们的相关研究。

四、销售和服务收入

这6所世界一流大学凭借自身特色积极争取市场化收益，拓展经费来源。它们不仅拥有教学拨款、科研拨款、学费收入和捐赠基金支出等主要收入来源，还有着多样化的销售和服务收入，包括会议服务、食宿服务、医疗服务、租赁服务等。这部分收入大多来自于大学附属企业，在大学总收入中所占比重基本维持在10%~20%的水平。

作为全世界最大的大学出版社，牛津大学出版社每年为牛津大学提供的办学经费比捐赠基金支出提供的还多。剑桥大学则有着不菲的考试及评测服务收入，2010财年，该项收入金额与英格兰高等教育基金会的拨款数额基本持平，达到2.11亿英镑，相当于当年剑桥大学研究理事会拨款金额与学费收入的总和。

此外，校属医院也会为大学带来可观的医疗服务收入。华盛顿大学西雅图分校的医学院是美国华盛顿州、阿拉斯加州、蒙大拿州、爱达华州和怀俄明州五大州内唯——所医学院，肩负着5个州医学专业学生的教学重任，为华盛顿大学西雅图分校带来了稳定而可观的医疗服务收入，在总收入中所占的比例一直维持在25%左右。耶鲁大学医学院每年也为耶鲁大学贡献约占总收入17%的医疗服务收入，是仅次于捐赠基金支出和科研拨款的第三大收入来源。

这些收入不仅大大充实了大学的办学经费，而且相对稳定，数据表明它们受金融危机影响的程度较小。在金融危机爆发的2009财年，6所大学的销售和服务收入同比上涨明显（见表10）。

表10　2001~2010财年6所大学销售和服务收入变化表

单位：亿美元

财　　年	哈佛大学	耶鲁大学	加州大学伯克利分校	华盛顿大学西雅图分校	牛津大学	剑桥大学
2001 财年基数	4.5	2.24	1.19	7.56	0.95	—
2002 财年同比	+2.22%	+5.36%	-5.04%	-10.05%	+10.53%	—
2003 财年同比	+6.52%	+7.63%	+7.08%	+9.85%	+10.48%	—
2004 财年同比	+2.04%	+10.24%	+4.96%	+8.84%	+22.41%	1.29（基数）
2005 财年同比	+8.00%	+9.29%	+10.24%	+6.03%	+8.45%	+10.85%

续表

财　　年	哈佛大学	耶鲁大学	加州大学伯克利分校	华盛顿大学西雅图分校	牛津大学	剑桥大学
2006 财年同比	+ 11. 11%	+ 9. 15%	+ 12. 14%	+ 6. 50%	+ 17. 53%	+ 349. 65%
2007 财年同比	+ 11. 67%	+ 13. 17%	+ 28. 03%	+ 7. 95%	+ 11. 60%	+ 7. 47%
2008 财年同比	+ 0. 00%	+ 7. 67%	− 26. 37%	+ 7. 77%	+ 9. 90%	+ 14. 18%
2009 财年同比	+ 1. 49%	+ 10. 07%	+ 0. 68%	+ 6. 55%	+ 20. 27%	+ 11. 28%
2010 财年同比	—	—	—	—	− 11. 61%	+ 8. 77%

数据来源：美国 4 所大学数据来源于美国中学后教育数据整合系统（IPEDS）；牛津大学和剑桥大学数据来源于 2001 ~ 2010 财年财务报表。

加州大学伯克利分校采用 "Unit – level Entrepreneurialism" 的策略产生新的收入以应对金融危机以来政府拨款和私人捐赠等收入来源的减少。其鼓励学校所有部门，包括学术和非学术的部门，寻找机会利用他们的专长和其他资产来为他们所在的部门或学院产生收入。这种部门创业精神可以有多种形式，例如出租运动场地、开设管理类的培训和认证、有偿提供网络课程等。[102]

总体而言，通过成本分担（学费和其他费用）和收入来源多样化等，使大学在金融危机爆发后对政府的预算依赖减弱。

第三节　金融危机对世界一流大学主要支出类别的影响

由前文可知，除华盛顿大学西雅图分校 2010 财年产生了 5.6 亿美元的财政赤字以外，其余 5 所大学在金融危机期间均保持了良好的财务状况，收支基本平衡。通常，大学在按照自然属性将支出类别分为人员经费、固定资产折旧、利息支出和其他运营费用 4 部分的同时，亦会依照功能属性将支出类别划分为教学、科研、公共服务、学术支持、学生服务、机构支持、奖助学金等各个方面。本研究立足于自然属性和功能属性两个维度，探究金融危机对 6 所大学经费支出结构造成的影响。

一、人员经费支出

大学人员费用包括向教职员工支付的工资、福利、社保金和退休基金等。人员经费支出是这6所大学最大的支出项目，约占总支出的50%~60%。

所谓"大学者，非大楼也，大师之谓也"，人力资源是高等教育使用的最重要的资源。一流的高等教育往往以师生之间的密切互动为基础，师生比常常被用作判断教学质量的重要指标。一流的大学往往拥有高师生比，牛津大学和剑桥大学引以为傲的本科生导师制就是一种近乎奢侈的高师生比本科教学模式。一流大学中师生之间的互动非常频繁，这就要求大学雇佣更多的教师，也势必导致更高的人员成本。此外，高等教育机构还是一种知识密集型机构。在经济发展速度和生产力提高程度越来越依赖于知识和人才的今天，社会对知识和人才的需求量急速上升，而一流大学要保持其竞争力，往往需要提供更有竞争力的薪酬待遇以吸引一流的学术人员。

根据表11的数据，2009财年，6所大学均保持了人员经费支出水平的上涨态势。2010财年，哈佛大学和加州大学伯克利分校人员经费支出水平略减。哈佛大学共减少了5 300万美元，其中薪水减少了2 300万美元，福利减少了3 000万美元。但是，2011财年哈佛大学的人员经费支出数额又恢复了上涨的势头，总额达到18.8亿美元，较2010财年同比上涨5%，比2009财年增加4 000万美元。

表11 2001~2010财年6所大学人员经费支出水平变化表

单位：亿美元

财　　年	哈佛大学	耶鲁大学	加州大学伯克利分校	华盛顿大学西雅图分校	牛津大学	剑桥大学
2001 财年基数	10.15	7.77	7.94	—	3.09	—
2002 财年同比	+11.33%	+7.34%	+10.45%	14.25	+8.74%	—
2003 财年同比	+11.50%	+7.79%	+3.99%	+6.74%	+11.31%	—
2004 财年同比	+6.35%	+10.68%	+1.86%	+6.05%	+9.36%	4.41（基数）
2005 财年同比	+5.00%	+9.05%	+1.51%	+6.01%	+4.40%	+64.40%
2006 财年同比	+4.98%	+9.95%	+5.73%	+6.78%	+10.77%	−10.07%
2007 财年同比	+4.60%	+4.61%	+4.11%	+5.64%	+18.82%	+6.75%
2008 财年同比	+7.51%	+9.94%	+9.44%	+5.44%	+14.77%	+7.33%
2009 财年同比	+10.84%	+10.50%	+5.02%	+2.61%	+8.53%	+9.64%
2010 财年同比	−2.82%	+2.77%	−1.51%	+6.95%	+7.29%	+6.23%

数据来源：6所大学2001~2010财年财务报表及美国中学后教育数据整合系统（IPEDS）。

加州大学伯克利分校 2010 财年人员经费较 2009 财年缩减 0.19 亿美元，其中，薪水较 2009 财年减少 3 300 万美元，减幅为 3%；福利则增加了 1 400 万美元，增幅为 7%。行政人员和学术人员的减薪幅度不同。学术人员减薪幅度不到 1%，行政人员的薪水却被缩减 8%，充分体现了一流研究型大学对学术人才的重视程度。

二、教学支出

通常，教学支出是指大学内学术部门的一般教学活动支出，包括教职工薪酬、教学维持以及没有独立预算的系部研究与公共服务活动的支出。

一般而言，大学主要职能是教学和科研。哈佛大学第 21 任校长艾略特（Charles Eliot）认为："大学有 3 个主要的直接职能。首先是教学；其次是以书籍等形式大量汇集已获得的系统知识；第三是研究。"[101] 艾略特的继任者劳威尔（Abbott Lowell）也坚持大学具有教学和科研两大职能，并认为二者具有同等重要的意义。表 12 显示，这 6 所一流大学的教学支出约占总支出额的 30% ~ 40%。金融危机发生后，除哈佛大学 2010 财年的教学支出金额较 2009 财年减少 600 万美元以外，其余 5 所大学均未减少。

表 12　2001 ~ 2010 财年 6 所大学教学经费支出水平变化表

单位：亿美元

财　　年	哈佛大学	耶鲁大学	加州大学伯克利分校	华盛顿大学西雅图分校	牛津大学	剑桥大学
2001 财年基数	5.41	5.75	4.00	4.40	1.84	—
2002 财年同比	+ 13.68%	+ 6.96%	+ 2.00%	+ 8.64%	+ 0.54%	2.42（基数）
2003 财年同比	+ 9.43%	+ 7.48%	+ 3.92%	+ 21.34%	+ 10.43%	+ 3.97%
2004 财年同比	+ 5.65%	+ 12.25%	− 0.47%	− 0.69%	+ 8.66%	+ 3.18%
2005 财年同比	+ 6.05%	+ 4.99%	+ 4.50%	+ 12.67%	+ 7.25%	+ 3.09%
2006 财年同比	+ 4.64%	+ 9.76%	+ 7.71%	+ 6.93%	+ 10.81%	+ 4.19%
2007 财年同比	+ 11.91%	+ 8.42%	+ 5.26%	+ 8.65%	+ 8.54%	+ 6.90%
2008 财年同比	+ 7.25%	+ 9.82%	+ 9.00%	+ 4.91%	+ 21.91%	+ 11.29%
2009 财年同比	+ 5.17%	+ 8.74%	+ 0.00%	+ 14.79%	+ 8.76%	+ 7.73%
2010 财年同比	− 0.60%	+ 2.44%	+ 5.50%	+ 13.77%	+ 13.14%	+ 4.48%

数据来源：美国中学后教育数据整合系统（IPEDS）以及牛津大学和剑桥大学财务报表。

三、研究支出

研究支出是指对校内研究活动、外部机构以及内部单位专门研究基金的支出，不包括教学人员从事研究工作所获得的薪酬部分。

追求卓越、重视科研是这 6 所世界一流大学的办学理念。科研支出亦是这些大学最主要的支出类别之一，约占总支出的 20%～30%。

由表 13，纵观 10 年间科研经费的变化情况，不难发现在金融危机爆发后，这 6 所大学的科研支出较金融危机爆发前均有较大幅度的上涨。与 2008 财年相比，2010 财年哈佛大学、耶鲁大学和剑桥大学的科研支出累计上涨 13%，加州大学伯克利分校累计上涨 34%，华盛顿大学西雅图分校和牛津大学累计上涨 28%。不过，金融危机的爆发是否促进了科研活动的开展，还有待进一步探究。英美两国政府在金融危机爆发后纷纷出台支持科研创新的政策和法案并给予财政支持，这也许是造成科研经费支出大幅上涨的一大原因。

表13　2001～2010 财年 6 所大学科研经费支出水平变化表

单位：亿美元

财　　年	哈佛大学	耶鲁大学	加州大学伯克利分校	华盛顿大学西雅图分校	牛津大学	剑桥大学
2001 财年基数	4.68	2.63	3.33	4.68	2.02	—
2002 财年同比	+11.54%	+7.22%	+3.00%	-1.28%	+4.76%	2.08（基数）
2003 财年同比	+2.68%	+10.99%	+2.62%	+9.09%	+8.33%	+9.23%
2004 财年同比	+9.33%	+9.58%	+6.53%	+9.72%	+9.09%	+7.75%
2005 财年同比	+6.66%	+3.21%	+6.67%	+3.98%	+3.21%	+5.88%
2006 财年同比	-9.76%	+8.47%	-2.25%	+4.00%	+14.91%	+6.79%
2007 财年同比	-0.89%	+0.00%	+3.07%	-0.50%	+16.76%	+5.20%
2008 财年同比	+1.97%	+8.07%	+4.96%	+4.54%	+10.19%	+6.59%
2009 财年同比	+9.47%	+5.78%	+13.95%	+2.89%	+20.17%	+10.82%
2010 财年同比	+6.57%	+7.29%	+19.92%	+24.84%	+6.64%	+3.26%

数据来源：美国中学后教育数据整合系统（IPEDS）以及牛津大学和剑桥大学财务报表。

四、公共服务支出

公共服务支出是指大学内独立预算的公共服务活动的支出，包括社区服务项目、合作性的函授项目等。

一般情况下，大学会提供 3 种形式的公共服务。①为企业职员和政府雇员提供培训。这通常会有两种方式，最普遍的方式是企业为雇员付费参加大学提供的学分和非学分课程；其次是大学和企业签订合同，为企业提供雇员培训，这些培训超越或者不同于企业所提供的一般课程。②积极参与社会活动，即教师、学生以及大学自身作为社会活动的直接参与者为社区提供服务。美国大学向社区提供的服务项目主要包括：在不与自身教育活动冲突的情况下长期向社区开放图书馆、博物馆和体育馆；学生在社区担任家教服务、陪老人和盲人读书的志愿者活动；医学院学生为社区提供急诊服务等。③提供国际服务，许多大学和一些国际性组织签订合同，给全世界的机构、协会和组织提供服务，比如帮助第三世界国家社区建立发展项目或者为另一个国家的高校项目做评估。

由表 14 看出，对于有公共服务支出的大学而言，只有耶鲁大学在 2010 财年减少了 800 万美元，加州大学伯克利分校和华盛顿大学西雅图分校均有不同程度的上涨。尤其是华盛顿大学西雅图分校，2010 财年增加了 600 万美元，涨幅高达 18%。

表 14　2001～2010 财年美国 3 所大学公共服务支出水平变化表

单位：亿美元

财　　年	耶鲁大学	加州大学伯克利分校	华盛顿大学西雅图分校
2001 财年基数	0.88	0.46	0.13
2002 财年同比	+4.55%	+10.87%	-38.46%
2003 财年同比	+7.61%	-5.88%	+162.50%
2004 财年同比	+11.11%	+4.17%	+9.52%
2005 财年同比	+0.91%	-4.00%	+30.43%
2006 财年同比	+6.31%	+6.25%	+10.00%
2007 财年同比	-4.24%	+5.88%	+6.06%
2008 财年同比	+7.08%	+7.41%	-8.57%
2009 财年同比	+2.48%	+5.17%	+3.13%
2010 财年同比	-6.45%	+4.92%	+18.18%

数据来源：美国中学后教育数据整合系统（IPEDS）。

节省花费也成为管理者要考虑的重要问题之一，学院或部门的商业化和创业者精神逐渐成长。教员被鼓励同院长和行政管理人员一起寻找增加私人捐赠和收入的机会。院长和行政管理人员被要求像企业家一样思考：提高收入，同时降低支出。教职工也面临着更加严峻的年度考核。

第四节　本章小结

在这一章中，我们凭借美国中学后教育数据整合系统（IPEDS）和6所大学财务报表提供的数据，较为全面地回顾了金融危机对6所世界一流大学财务状况造成的影响，还原了金融危机发生前后这6所大学的财务状况。事实说明，这6所一流大学在金融危机发生后收支基本平衡，为大学的发展奠定了坚实的基础。

在收入方面，这6所大学的总收入在金融危机发生后依旧处于增加态势，但是上涨幅度有所减少。具体到各项主要收入来源，就教学拨款而言，由于加州政府在金融危机中蒙受了较大损失，所以加州大学伯克利分校接受的教学拨款大幅下降；同为公立大学的华盛顿大学西雅图分校在金融危机发生后接受的来自州政府的教学拨款亦有所减少。相比之下，英国的牛津大学和剑桥大学在金融危机发生后接受的教学拨款并未减少，依旧保持了上涨态势。就科研拨款而言，这6所大学均大幅上升。为促进经济恢复，英美两国政府均在金融危机发生后划拨了大量的科研经费以支持科研创新活动的开展。作为科研创新工作的主要承担者，这6所卓越的研究型大学凭借一流的科研实力均获得了不菲的科研经费，有力地保障了大学在金融危机期间仍能很好地履行科研职能。就学费收入而言，哈佛大学和耶鲁大学学费收入有所下降，而公立的加州大学伯克利分校和华盛顿大学西雅图分校的学费收入则大幅上升，牛津大学和剑桥大学的学费收入也明显上涨。来自于校附属企业和医学院的销售和服务收入，亦是这6所大学的主要收入来源之一。值得关注的是，这些收入在金融危机发生后依旧延续了金融危机发生前的上涨态势，在金融危机期间为大学提供了稳定而充裕的办学经费。

身为非营利性机构，收支平衡是大学在一个财务年度中最好的财务状态。在支出方面，按照自然属性划分，这6所大学最主要的支出为人员经费支出，约占总支出的 50%～60%，在金融危机发生后，人员经费支出金额未减反增。按照功能属性对支出类别进行划分，教学支出和研究支出依旧是这 6 所大学最主要的支出类别，在金融危机发生后，教学支出在原有基础上小幅增加，而研究支出却在原有基础上大幅增加，这与科研经费的大幅增加密切相关。对公立大学而言，公共服务亦是主要职能之一，华盛顿大学西雅图分校和加州大学伯克利分校在金融危机发生后加大了对公共服务的投入力度。

本章数据亦表明不同类型的高等教育机构在收入上存在显著差异。身为私立大学的哈佛大学和耶鲁大学，由于不享受非竞争性教学拨款，因此，捐赠基金支出是其最主要的收入来源；而对美国公立大学和英国大学来说，最主要的收入来源则是科研拨款。

谈到收入的主要来源，就不得不提及这 6 所学校可观的销售和服务收入。这些收入在总收入中占的比重不仅高而且稳定，基本维持在 20%～30% 左右。如果说金融危机是州政府削减高等教育经费的主要原因，是政府加大科研拨款的首要推动力，是公立大学提高学费的导火索，那么，金融危机对这些学校销售、服务收入的影响则较小。剑桥大学的考试及评测收入、牛津大学的出版社收入、华盛顿大学西雅图分校医学院和耶鲁大学医学院带来的医疗服务收入较金融危机发生前均有一定程度的增加。这或许说明，金融危机的到来对高等教育范围经济的影响较小。所谓范围经济，通俗意义上而言，就是说同时生产许多产品可能会带来成本优势。教师、设备、图书馆、教辅设施以及其他教育投入资源具有典型的共用性，当教辅人员的工作是面对多个产品产出而非单个产品产出时，就会带来范围经济。[89] 以医学院为例，就职于医学院的教师同时身兼医师的角色，医学院的设备在供教学之用的同时亦提供了医疗服务；医学院获得的科研经费不仅支持了科研活动的开展，亦会提升医疗服务水平，吸引更多病人前来就诊，从而增加医疗服务收入。同理，剑桥大学的考试与测评服务、牛津大学的出版社收入也均是建立在学校资源共享的基础之上。所以，若从销售与服务收入角度去考察金融危机对其造成的影响，那么这一影响是较为温和的；而若从投入—产出的角度去考察，则还需进一步厘清投入在这些附属产出上的成本。

第四章　金融危机对世界一流大学捐赠基金的影响及大学的应对

　　国外一流大学普遍将捐赠资产进行金融投资以获得长期回报，不少大学已达到百亿美元的投资规模。捐赠基金的投资收入也是维系这些大学运营和发展的重要资金来源，在部分大学占到每年经费的 1/3 以上。2008 财年，哈佛大学有 32.5% 的总收入由捐赠基金提供，耶鲁大学为 30%，普林斯顿大学为 40%。那么，深度参与了金融投资的世界一流大学捐赠基金在这场国际金融危机中受影响程度如何？本章通过运用这些大学财务报表中的数据，对此进行了实证研究。

　　在大学接受的捐赠中，有一部分被用于成立终结性基金，即作为流动资金，在一定的期限内被使用掉，同时该基金终止，例如使用捐赠资金购买设备、建造房屋等；而根据捐赠人的意愿或者大学的需求，有些捐赠被用于成立永续性基金（Endowment），投资于可获得收益的金融工具上，例如债券、股票、房地产等，并且仅使用所获得的投资收益，本金则被长期或永久保留，文献中的"永续性基金""永久基金""留本基金"都是指这种基金。例如哈佛大学在 2010 年共收到 5.97 亿美元的捐赠，其中 2.41 亿美元被用来成立永续性基金，占当年捐赠总额的 40%。由于终结性基金需要在短期内被使用掉，所以一般不会将其用于高风险的金融投资。大学进行金融投资的基金主要来自长期或者永久存续的永续性基金。本书研究的捐赠基金特指这种永续性基金。

　　一流大学大多将捐赠基金投资于股票、固定收益类产品、绝对收益类产品、私募股权和以房地产为主的实物类资产。[103] 金融危机对金融市场造成了较为严重的影响，以哈佛大学为例，在金融危机发生前的 2008 年，股票类产品的投资回报率为 12.7%，固定收益类为 16%，绝对收益类为 20.3%，私募股权为 9.3%，实物资产为 3.2%。而在金融危机发生的 2009 年，该校股票类产品的投资回报率为 −28.3%，固定收益为 −4.1%，绝对收益为 −18.6%，

私募股权为 – 31. 6% ，而实物类资产的投资回报率更低至 – 37. 7% 。[104]

随着我国高等教育的发展，中国大学地位的不断提高以及回馈和捐赠文化的建立，都预示着在中国大学未来的发展中，捐赠基金将成为一项重要和长远的资金支持渠道。2007 年全国高等学校教育经费中，社会捐赠为 19. 48 亿元，2012 年社会捐赠已增至 43. 45 亿元，5 年间增长了 123%。近年来，我国民众对大学的捐赠热情不断升温，《2012 中国大学评价研究报告》显示，2011 年我国大学校友捐赠共计 21. 45 亿元，是 2010 年的两倍多。捐赠基金在改善教学、科研和环境设施，帮助困难学生，奖励优秀教师，资助学科建设和发展等方面都发挥了重要作用。目前，我国大部分高校对募捐活动还没有明确的分工与要求，也缺乏专业的机构对捐赠资金进行管理，难以发挥长期作用。因此，有关世界一流大学捐赠基金在金融危机中受影响程度的研究，将对我国高校捐赠基金的募集、使用和投资管理具有指导意义。

第一节　捐赠基金规模受到的影响

一、捐赠基金绝对规模

美国的大学有着悠久的捐赠历史和传统，捐赠基金管理也早于其他国家。在金融危机发生之前，捐赠基金规模迅速扩大。哈佛大学捐赠基金规模在 1990 年年底为 48 亿美元，到 2008 年年底已达到 371 亿美元。相比之下，英国大学的捐赠基金投资起步较晚，资产规模相对较小，如剑桥大学捐赠基金规模在 2008 年年底时仅为 18 亿美元。

金融危机后永续型基金投资遭受了史无前例的损失，流动性资产的名义价值迅速蒸发，这是近几十年来美国高等教育行业首次遇到如此严峻与广泛的风险与挑战。根据 NACUBO 的报告，截至 2008 年 7 月，美国高等教育行业作为一个整体投资损失 1 200 亿美元。表 15 的数据显示，在 2009 年，哈佛大学捐赠基金规模缩水 29. 65%，损失了 109 亿美元；耶鲁大学捐赠基金缩水 28. 82%，损失 66 亿美元。与此同时，身为公立大学的加州大学伯克利分校和华盛顿大学西雅图分校，虽然其捐赠基金规模远小于顶尖私立大学，但也出现了严重缩水，分别为 18.75% 和 27.27%。相比之下，英国大学捐赠基金规模受影响的程度相对较小：牛津大学只减少了 10.50%，约合 1.3 亿美元；剑桥大学捐赠基金规模不仅没有减少，反而增加了 5.36%。随着金融危机的消退和金融秩序的恢复，这些大学捐赠基金的价值在 2010 年有所回升。

表15 2004～2010 财年 6 所大学捐赠基金绝对规模变化表

单位：亿美元

财　　年	哈佛大学	耶鲁大学	加州大学伯克利分校	华盛顿大学西雅图分校	牛津大学	剑桥大学
2004 财年基数	225	127	20.37	12	7.97	8.5
2005 财年同比	+14.67%	+18.11%	+9.57%	+16.67%	+29.49%	+18.82%
2006 财年同比	+13.18%	+19.33%	+10.39%	+21.43%	+12.69%	+59.41%
2007 财年同比	+19.52%	+25.70%	+17.45%	+23.53%	+9.46%	+13.85%
2008 财年同比	+6.30%	+1.78%	-0.31%	+4.76%	-5.03%	-8.46%
2009 财年同比	-29.65%	-28.82%	-18.75%	-27.27%	-10.50%	+5.36%
2010 财年同比	+5.86%	+1.26%	+10.84%	+13.33%	+7.07%	+19.40%

数据来源：6 所大学 2005～2010 财年财务报表。

导致捐赠基金规模发生变化的因素有两个，一是当年接受捐赠的状况，二是当年捐赠基金投资收益状况。下文将对这两个因素分别进行研究。

二、当期接受捐赠状况

大学捐赠的主要来源为校友捐赠，其次是企业、社会团体以及个人捐赠。有研究显示，当个人或组织认为财务状况良好时，他们更愿意进行慈善捐赠，而如果认为财务状况欠佳，其捐赠意愿就会降低。[105]因此，通常而言，在经济上升时期捐赠者会更加慷慨，但在经济不景气之时，他们则不愿解囊。[106]此次金融危机对个人和企业的财富都造成了巨大冲击，从而导致捐赠者的捐赠能力和捐赠意愿下降。美国独立学院和大学协会（National Association Independent Colleges and Universities，NAICU）的调查显示，几乎所有的校长都指出捐赠收入受到了金融危机的影响，其中有近 2/3 的校长表示捐赠收入受到了极大影响。[107]在本研究中，4 所美国大学 2009 年接受的捐赠金额都有所减少，耶鲁大学减少了近 40%，华盛顿大学西雅图分校缩水 1/5，哈佛大学和加州大学伯克利分校也受到了不同程度的影响（见表 16）。

表 16　2005～2010 财年 6 所大学接受捐赠状况变化表

单位：亿美元

财　　年	哈佛大学	耶鲁大学	加州大学伯克利分校	华盛顿大学西雅图分校	牛津大学	剑桥大学
2005 财年基数	5.9	3.99	1.25	1.72	0.41	0.35
2006 财年同比	+0.85%	-4.26%	+8.00%	+27.33%	+58.54%	+22.86%
2007 财年同比	+3.36%	-17.02%	+9.63%	-17.35%	-58.46%	-16.28%
2008 财年同比	+12.20%	+16.72%	+1.35%	-2.21%	-14.81%	+44.44%
2009 财年同比	-13.48%	-39.19%	-4.67%	-19.21%	+126.09%	+17.31%
2010 财年同比	+0.00%	+10.67%	+1.40%	-17.48%	—	+9.84%

资料来源：6 所大学 2005～2010 财年财务报表。

随着经济环境的好转，有 3 所大学 2010 年接受的捐赠多于 2009 年。其中，耶鲁大学和剑桥大学增加了 10% 左右，加州大学伯克利分校增加了 1.4%，哈佛大学与 2009 年持平，只有华盛顿大学西雅图分校继续减少（牛津大学由于在 2010 年修改了捐赠基金统计口径，故无法对其进行历史对比）。

三、捐赠基金投资收益率

某年的投资收益率是指该会计年年末捐赠基金的年收益占该会计年年初捐赠基金价值的比例。在金融危机发生之前，这些大学捐赠基金的投资收益良好，例如哈佛大学过去 30 年的年均收益率高达 15.7%。然而，金融危机的爆发使得这些大学捐赠基金大幅亏损。在 2009 年，6 所大学的投资收益率均为负值，美国的 4 所学校亏损尤其严重，投资收益率均在 -25% 左右。哈佛大学最低，为 -27.30%；牛津大学和剑桥大学的亏损程度稍显温和，投资收益率分别为 -5.80% 和 -11.10%。这与大学将大部分捐赠基金投资于股权类产品有关。以 2009 年为例，加州大学伯克利分校投资的股权类产品占总资本的 41.3%，哈佛大学这一比例为 43.67%，约为总资本的一半。而股权类资产对市场波动非常敏感，其在金融危机中受到重挫，必导致相关投资机构资产的动荡。

随着经济的逐步复苏，2010 年 6 所大学的投资收益率均稳步回升。但将其与金融危机发生前的投资收益率比较后发现，美国 4 所学校的投资收益率还远未恢复至金融危机发生前（2007 年）的水平（见表 17）。然而，2010 年英国学校捐赠基金的投资收益率已经高于金融危机发生之前，剑桥大学更是达到了该校有史以来的最高值。

表 17　2005 ～ 2010 财年 6 所大学捐赠基金投资收益率变化表

财　　年	哈佛大学	耶鲁大学	加州大学伯克利分校	华盛顿大学西雅图分校	牛津大学	剑桥大学
2005	+19. 20%	+22. 30%	+11. 30%	+12. 50%	+19. 00%	+10. 20%
2006	+16. 70%	+22. 90%	+14. 80%	+17. 70%	+11. 50%	+15. 00%
2007	+23. 00%	+28. 00%	+20. 30%	+23. 30%	+12. 14%	+12. 10%
2008	+8. 60%	+4. 50%	-0. 30%	+1. 90%	-5. 10%	-7. 10%
2009	-27. 30%	-24. 60%	-20. 60%	-23. 30%	-5. 80%	-11. 10%
2010	+4. 50%	+8. 90%	+11. 70%	+12. 50%	+14. 50%	+19. 20%

资料来源：6 所大学 2005 ～ 2010 财年财务报表。

第二节　大学捐赠基金的危机应对

一、捐赠基金支出金额

如前所述，金融危机使得 6 所大学的捐赠基金遭受了严重损失，那么在金融危机中，捐赠基金为大学提供的运营经费是否会因此减少？本研究显示，在 2005 ～ 2009 年间，除了华盛顿大学西雅图分校和剑桥大学以外，其余 4 所大学捐赠基金的支出金额都显著增加。哈佛大学从 8. 55 亿美元上升至 14. 2 亿美元，耶鲁大学从 5. 67 亿美元上升至 12 亿美元。与之相比，美国公立大学和英国大学捐赠基金的支出金额上涨幅度则相对平缓，加州大学伯克利分校从 0. 53 亿美元上升到 0. 75 亿美元，牛津大学从 0. 44 亿美元上升到 0. 69 亿美元。整体而言，在金融危机发生的 2009 年，有 4 所大学的捐赠基金支出金额上升，两所下降；但在金融危机影响逐渐退去的 2010 年，却有 4 所大学减少了捐赠基金的支出金额（见表 18）。

表18　2005～2010财年6所大学捐赠基金支出金额变化表

单位：亿美元

财　　年	哈佛大学	耶鲁大学	加州大学伯克利分校	华盛顿大学西雅图分校	牛津大学	剑桥大学
2005财年基数	8.55	5.67	0.66	0.53	0.44	0.75
2006财年同比	+9.12%	+8.64%	+1.52%	+32.08%	+18.18%	+17.33%
2007财年同比	+11.90%	+11.20%	+1.49%	+15.71%	持平	+12.50%
2008财年同比	+15.04%	+24.09%	-1.47%	+16.05%	+21.15%	+2.02%
2009财年同比	+17.90%	+41.18%	+12.54%	-20.21%	+9.52%	+7.92%
2010财年同比	-6.78%	-7.50%	+3.45%	-21.33%	-33.33%	-16.51%

资料来源：6所大学2005～2010财年财务报表。

　　由此可见，尽管各大学的捐赠基金在2009年遭受了严重亏损，但它们为大学提供的运营经费并未减少，捐赠基金依旧为大学的正常运营做出了贡献。换言之，捐赠基金自身受到的影响和捐赠基金支出金额受到的影响并不一致，而这种不一致产生的原因则在于捐赠基金的平滑支出政策。一般而言，大学从捐赠基金中提取经费时，会以过去数年捐赠基金价值的平均值为基数，乘以相应的提取比例（即捐赠基金支出率），来计算当年捐赠基金的支出金额。正是因为选取过去数年捐赠基金价值的平均值作为基数，而不是将当年的价值作为基数，才有效地减少了金融市场的波动（例如金融危机）对当年捐赠基金支出金额的影响，从而使得捐赠基金在自身价值严重缩水的情况下仍能为大学提供充裕的运营经费。同时，这一支出政策也意味着2009年基金规模的大幅缩水会对未来几年的捐赠基金支出金额带来一些负面影响，例如，2010年有4所大学的捐赠基金支出金额减少。所以，这一支出政策并非消除了金融危机带来的影响，而是让其软着陆，避免了金融危机对当年捐赠基金支出金额造成直接影响，保障学校在危机时期的正常运营。

　　此外，除了将过去几年捐赠基金价值的平均值作为计算支出金额的基数以外，大学还会通过调整捐赠基金支出率以应对捐赠基金价值的大幅变化。例如，在捐赠基金价值大幅缩水的年份，可以适当提高提取比例以维持捐赠基金支出水平。

二、捐赠基金支出占大学总收入之比

　　对于哈佛大学和耶鲁大学这两所美国私立大学而言，捐赠基金支出是其运营收入的最主要来源，通常占总收入的1/3，最高时接近一半。而对于美国的公立大学和英国的大学而言，捐赠基金支出并非其主要的收入来源，因此这一比例一直不高。表19显示，在金融危机发生的2009年，有3所学校捐赠基金支出额占大学总收入之比高于前一年，有两所几乎持平；而在2010年却有5所学校出现了下降趋势。这与捐赠基金支出金额的变化较为一致，也更为直观地反映了作为美国私立大学主要收入来源之一的捐赠基金，凭借其抵御风险的支出政策，在自身价值大幅缩水的情况下，依旧有力地支持了大学的运营，有效地弱化了金融危机造成的不利影响。

表19　2005～2010财年6所大学捐赠基金支出占大学总收入之比

财　年	哈佛大学	耶鲁大学	加州大学伯克利分校	华盛顿大学西雅图分校	牛津大学	剑桥大学
2005	30.54%	31.00%	4.28%	1.49%	4.51%	4.94%
2006	31.10%	31.00%	4.17%	2.42%	4.63%	5.33%
2007	32.50%	32.00%	4.06%	2.69%	4.18%	5.70%
2008	34.49%	36.00%	3.75%	2.18%	4.49%	5.07%
2009	37.60%	45.00%	4.04%	2.12%	4.30%	2.44%
2010	35.00%	41.00%	3.82%	1.77%	2.84%	1.52%

资料来源：6所大学2005～2010财年财务报表。

因为捐赠基金具有数额大、持续时间长和需要遵照出资人意志等特点，建立专门的管理机构和运行机制十分必要。事实上，大多数出资人在与大学商定捐赠基金设立的有关事宜后，并不会过多参与基金的具体运作，而是全权委托学校相关部门进行管理。科沙尔德（Kochard）和赖特赖泽（Rittereiser）[108]阐述了永续性基金成功的构成要素，包括"强有力的治理、良好的投资理念及结构化流程"。威廉姆森（Williamson）[109]指出，不同机构对永续性基金的管理有所不同，而不同的管理结构又是制约基金会运作成败的关键因素之一。

当今世界一流大学永续性基金在管理结构上大致分为以下两种形式：①成立资产管理公司，如哈佛大学资产管理公司；②设立校内办公室，如耶鲁大学投资办公室。2012年NACUBO对捐赠基金的调查显示，规模排名前10位的大学中仅有耶鲁大学和密歇根大学采用校内办公室的结构管理，其他8所均成立了资产管理公司。[110]

管理委员会（Board of Directors）和高管团队（Executive Team）是公司管理体制中的重要组成部分，附属于大学的管理公司一般包括专业的投资团队（Investment Team）和运营团队（Operations Team）。资产管理公司往往拥有专业的后台管理和服务。哈佛资产管理公司成立于 1974 年，是哈佛大学的全资子公司，现有 7 名高管人员负责指导公司 200 多名员工的工作。

校内办公室也多采用和一般股份有限公司类似的"董事会—管理层"架构。耶鲁大学基金会包含投资委员会（Investment Committee）、投资办公室（Investment Office）两层结构。投资委员会负责监督基金的整体情况，以投资委员们多年的专业经验为资产组合提供指导。投资委员会规定其中至少要有 3 人拥有丰富的投资经验，每季度召开一次会议，讨论由投资办公室提供的资产配置政策和基金业绩。投资委员会现有 11 人，投资办公室包括 22 名专业投资人员（Investment Professionals）和 4 名法律顾问（Legal Professionals）。

无论采用资产管理公司还是校内办公室的形式，委员会成员数量都要适当。人数太少则不能充分代表各利益相关者（学校、出资人和学生）的利益，无法满足教育、管理和投资等方面对基金管理的需求；人数太多又不免增加时间和金钱成本，造成讨论程序冗长，降低决策有效性。从世界一流大学捐赠基金的管理经验来看，由所在学校校长担任委员会成员，不仅有利于基金的对外联系和与学校内部的协调，而且有助于提高基金的声望。同样，全面负责基金行政管理工作的职位也应由具有高校行政管理经验的人员担任。其他委员会成员的背景则往往包含资产管理、慈善机构运营、擅长与政府部门沟通协调等方面的能力。如果所在学校的商科是其优势学科，还可以考虑吸引具有相关经验的师生参与到投资管理工作中来。

第三节　独立奖学金的应对——以罗兹奖学金为例

2013 年 4 月，清华大学获得了中国大学迄今为止最大的单项慈善捐赠[111]，这一捐赠的用途是建立一个永续型大学奖学金。"清华大学苏世民学者"奖学金由美国金融大亨、黑石集团创始人兼首席执行官苏世民（Steve Schwarzman）设立，总额为 1 亿美元，计划在未来再筹集 2 亿美元，包括英国石油公司、通用电气、摩根大通、卡特彼勒等公司和纽约市市长布隆伯格的个人基金会在内的众多机构都向该奖学金捐款。"苏世民学者"项目将于2016年启动，计划每年为来自世界各地的200名学生支付到清华大学学习一年硕士课程的费用，并在清华大学中心位置新建"苏世民书院"供学生入住和学习。这一项目旨在培养跨文化领导者，建立沟通中西方文化并消除彼此分歧的国际网络。根据计划，受益的学生中，45%将来自美国，20%来自中国，其余的35%来自澳大利亚、加拿大以及欧洲、拉美和亚洲其他国家和地区，将来还可能资助非洲学生。

苏世民希望该奖学金的声誉和影响力能与英国的罗兹奖学金（Rhodes Scholarships）相媲美。罗兹奖学金是一项资助全球优秀学生赴牛津大学学习的永续型奖学金。据《纽约时报》报道，截至2013年4月，罗兹永续型奖学金的价值约为2.03亿美元。前牛津大学校长、现任罗兹奖学金托管委员会主席约翰·霍德（John Hood）称，该项目每年向83名学生提供奖学金，资助他们在牛津大学的硕士或博士学习，期限为2~4年不等。罗兹奖学金自设立以来共资助了8 000余名学生。

在国外，企业、团体和个人通过捐资设立奖学金以支持高等教育的做法非常普遍，而大额捐赠通常设立为永续型奖学金，以持续发挥其资助作用。例如2000年比尔与梅琳达·盖茨基金在剑桥大学设立盖茨剑桥奖学金，奖学金总额为2.09亿美元，每年支持90名国际学生赴剑桥大学学习。在我国，以设立奖学金的形式支持大学发展的现象越来越普遍，例如北京大学廖凯原奖学金、清华之友系列奖学金、上海交通大学宝钢奖学金等。2007年全国高等学校教育经费中，社会捐赠为19.48亿元[112]，2012年社会捐赠已增至43.45亿元[113]，5年间增长了123%。中国在国际舞台上重要性的日益凸显、中国大学地位的不断提高以及回馈和捐赠文化的形成，都预示着在中国大学未来的发展中，捐赠基金将成为一项重要和长远的资金支持渠道。通过对罗兹奖学金的分析，将为我国高校捐赠基金工作的开展与管理提供参考和启示。

一、罗兹奖学金的历史沿革

罗兹奖学金的创办者是英裔南非钻石大亨赛西尔·约翰·罗兹（Cecil John Rhodes），他认为"教育关系将造就最牢固的纽带"[114]，因此在1903年创立了以其名字命名的奖学金，这是目前世界上创立时间最早、最具声望的国际研究生项目奖学金[115]。原始的罗兹奖学金并不是一个慈善实体，不仅包括奖学金基金，还包括其他许多不动产遗产。1916 年，罗兹永续型奖学金基金脱离其他遗产成为一个单独的慈善实体。罗兹在把他的遗产留给遗嘱执行人和托管人的时候，对奖学金的具体配额和运作做出了明确规定。[116]罗兹在遗嘱中设定的奖学金额度是每人每年资助 300 英镑，但可以随着时间而提高，以保证为罗兹学者提供足够的学费和生活费。资金募集和奖学金选拔过程中涉及的行政费用从罗兹遗产及其他捐赠者的赠予中支出。此外，奖学金设立初期也对一些细节事项做出了规定，如不同国家的奖学金候选人可以在不同的年龄范围内，托管人可以根据奖学金得主的表现而延迟、暂停和终止奖学金的发放等。

托管人在 1924 年就注意到，由于奖学金支出的不断增加，加之遗产税和资产贬值等原因，罗兹奖学金的规模不断减小。为此，托管人将大量资产转移到符合免税规定的罗兹奖学金中，并成立专门的投资委员会负责监管投资事宜，通过投资使其增值，以达到永久存续的目的。

罗兹奖学金设立初期，每年有 57 个名额，除 32 名美国人和 5 名德国人外，其余学生均来自英联邦国家。设立至今，托管人增加了 30 余名奖学金名额，并拓宽了可申请的国家和地区范围，例如新增了印度和香港地区，并且仍在考虑向新的国家和地区的优秀学生提供罗兹奖学金（见图 9）。

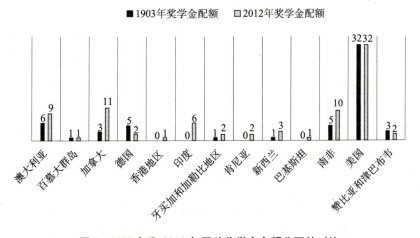

图9　1903 年和 2012 年罗兹奖学金名额分配的对比

资料来源：Kenny A. The History of the Rhodes Trust：1902 - 1999.

二、罗兹奖学金的特点

罗兹奖学金在 110 年间发挥了重要影响，其长期存续并持续发挥影响的原因值得探究。本书认为，灵活的调整制度、广泛的社会影响、完善的治理结构、积极的危机应对、科学的投资管理、严格的选拔标准和密切的学者联系是其永续存在的重要原因。

（一）灵活的调整制度

在罗兹奖学金存续的 110 年间，其管理规定并非一成不变，而是在遵循罗兹遗愿并符合有关法律法规的基础上，根据环境的变化，多次进行了有利于奖学金永续发展的调整。罗兹在遗嘱中写道，如果需要根据时间、条件的变化，对奖学金有关规定做出修改，应由托管人提议，并经托管人讨论通过。

随着时间的推移，罗兹奖学金得主的人口特点和牛津大学都发生了变化，托管人需要据此主动或被动地对奖学金进行相应的调整。到目前为止，罗兹的遗嘱和遗愿中有关奖学金的规定有 4 次主要的修改："一战"爆发后修订的《罗兹遗产条例 1916》废除了德国的奖学金名额，而后托管人又在 1929 年和 1969 年两次恢复了德国奖学金的名额；修订的《罗兹信托条例 1929》，给予托管人更大的自主权；《罗兹信托条例 1946》正式确定了新托管人加入的条件；根据英国国会有关法案反对性别歧视的内容，《罗兹信托条例 1976》使得罗兹奖学金首次向女性开放。[116]

（二）广泛的社会影响

罗兹奖学金的得主被称为罗兹学者。罗兹学者毕业后在各行各业都有卓越的表现，为社会做出了重要贡献。其中，政界有美国前总统克林顿、加拿大前首相特纳、澳大利亚前首相霍克等；学术界中有诺贝尔医学奖得主弗洛里男爵和克尔斯，诺贝尔经济学奖得主斯彭斯，牛津大学校长及 18 位普利策奖得主。此外，还有 40 多名罗兹学者成为奥运会选手。[117]

罗兹奖学金不仅为罗兹学者提供了宝贵的学习机会，而且为英国的高等教育和公众带来了很多益处。每年大约有 200 ~ 240 名才华出众、背景不同的国际学生通过罗兹奖学金在英国学习，极大地丰富了学生的体验。罗兹学者在牛津大学的积极体验可以提高英国高等教育的声望并增加他们对英国的认同感，其优秀背景以及毕业后在不同行业的领导地位，可以增强牛津大学和英国在全球的影响力。此外通过支付罗兹学者的学费和生活费，罗兹奖学金也为牛津大学和英国做出了积极和持续的财务贡献。

（三）完善的治理结构

维持罗兹奖学金持续健康运行的主要工作包括：不断提高奖学金的知名度，选拔、安置和支持学者，保持同罗兹学者的联系及募集资金等。罗兹奖学金在全球范围内由托管人（包括 4 个专业委员会）、学监、国家秘书长和基金工作人员来实现管理。托管人全面负责罗兹奖学金的声望及财务管理，决定奖学金的发展策略和各项政策，并监督学监的工作；学监是罗兹奖学金的首席执行官和托管人的秘书，负责奖学金运行的日常管理工作；国家秘书长的职责包括选拔本国的罗兹学者候选人，提高罗兹奖学金在本国的影响力、开展学者联谊及筹款等活动；工作人员则全面协助学监执行罗兹奖学金的各项工作。

罗兹奖学金每届有 12～15 名托管人，托管人的任期为 4 年，通常连任不得超过 3 届。托管人至少每年召开 3 次会议，每次须至少一半的托管人出席。作为罗兹奖学金的非执行董事，托管人发挥着举足轻重的作用，因此，对托管人的选择有着严格的标准。2010 年通过的《治理条例》对托管人的任职资格和职责范围以及专门委员会的工作都做出了详细的规定和解释。明确规定至少半数的托管人是罗兹学者，至少 1/4 的托管人是非罗兹学者，以及至少 1/4 的托管人与牛津大学有着密切的联系。[118] 除了要对罗兹关于教育和奖学金的愿景充分认同，且是各自领域的专家以及具有卓越的战略领导力外，每届托管人还要满足以下要求：具有金融审计和基金资产管理的丰富经验；善于和英国政府沟通；在牛津大学有一定影响力；可以提供或招揽到数目可观的慈善捐赠等。对于如何避免托管人的利益冲突，《治理条例》也有明确的规定。

托管人组成 4 个专门委员会，即奖学金委员会，发展委员会，金融、审计和投资委员会，治理委员会。除治理委员会外，其他 3 个专门委员会亦可以包括托管人之外的成员。奖学金委员会负责监督罗兹学者的表现，协助托管人和各国秘书长之间的沟通协调以及提出保证奖学金高质量永续存在的相关建议。发展委员会可以包括愿意协助募捐行动的非托管人，负责有关奖学金募捐的相关事宜，不仅保障现有的奖学金有充足的资源，也协助开发在新的国家提供罗兹奖学金。金融、审计和投资委员会由投资委员会于 2010 年更名而来，由托管人和资深专业投资人士组成，负责向托管人提供投资建议，投资建议要符合基金的双重目标，即保障资产的永续购买力和足够支持基金每年的花销；同时，该委员会负责审查奖学金的年度预算和审计报告。治理委员会负责对托管人及其他工作人员进行评估，提出有关治理和管理方面的建议，并不断对《治理条例》及其他管理规定进行完善。

（四）积极的危机应对

近年来直到 2008 年的全球金融危机，奖学金每年的支出都控制在罗兹永续型奖学金基金价值（以前 3 年平均值计算）的 5% 左右。在金融危机的冲击下，罗兹奖学金的投资收益大幅减少，与此同时，牛津大学的学习费用又不断攀升。托管人不得不决定在短期内提高支出比例，同时暂时冻结新增奖学金名额的计划。2010 年罗兹永续型基金的价值只有 1.15 亿英镑，与 2000 年相比，下降 42% 左右，而有关奖学金的支出每年将近 850 万英镑，对基金的使用比例超过 7.3%，远高于通常认定 4% ~ 5% 的可持续支出比例。[119]（见图 10）2011 ~ 2012 财年，罗兹永续型基金的支出更是增加到 1 000 万英镑，几乎为其总资产价值的 10%。

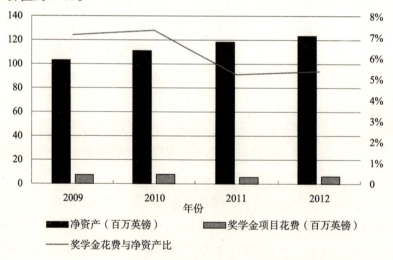

图 10　2009 ~ 2012 年罗兹奖学金净资产和奖学金项目花费

资料来源：the Rhodes Trust. Annual Report and Financial Statements for the Year Ended 30 June 2010, 2011, 2012.

　　为保证罗兹奖学金的国际地位和学者的学习生活质量，同时又不减少罗兹学者的数量，罗兹奖学金开展了一项全球资金募集计划，使其重新达到足以支持奖学金永续发展的水平。图11显示了金融危机爆发前后5年间罗兹奖学金接受的捐赠额。仅2011~2012财年罗兹奖学金就收到超过600名罗兹学者、28位罗兹奖学金友人和13家公司及基金会不同数额的捐赠。罗兹学者的捐赠率从2010~2011财年的8.9%上升至2011~2012财年的16.2%。[120]通过罗兹学者在世界范围内的广泛影响力，罗兹奖学金积极扩大与其他基金会的合作，从多方面增加收入。2012年8月，罗兹奖学金得到了美国罗伯逊基金会750万英镑的捐赠以支持每年3名新西兰籍罗兹学者。在2013年罗兹奖学金成立110周年之际，基金托管人和各委员会成员充分利用罗兹学者团聚等活动加大募捐力度。除英国外，罗兹奖学金还在澳大利亚和加拿大等国获得了捐款的税收优惠资格，极大地增加了这些国家的意向捐款者捐款的积极性。

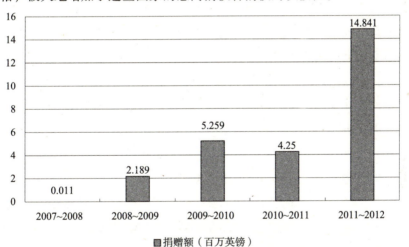

图11　2007~2012年罗兹奖学金接受的捐款额

资料来源：the Rhodes trust. the Impact of Philanthropy—the Rhodes Trust Donor Report 2011 - 2012.

　　严密的捐赠资金管理制度和规范的捐赠资金专项使用也为减少经济危机对奖学金的冲击提供了一定的保障。金融、审计和投资委员会经过计算得出的模型表明，在预期投资收益和慈善捐赠支持下，罗兹奖学金将会重新回到可持续的水平上。

（五）科学的投资管理

罗兹奖学金聘用专业人士和专业机构为其提供资产增值服务，其资产的60%投资在牛津大学基金管理机构，其余40%的资产由金融、审计和投资委员会内部管理，投资于包括不动产遗产、私募股权基金、公司债券、对冲基金及为满足流动性需求的资产等。该委员会采用全面的方法平衡投资的风险与收益，并持续关注长期收益。

与此同时，罗兹奖学金严格控制成本，依靠大量志愿者完成罗兹学者选拔及募捐过程中的行政工作，不断提高罗兹奖学金的运营效率，使得行政成本只占其支出的5%。

（六）严格的选拔标准

奖学金的受助者将来可能成为奖学金的宝贵财富，选拔优秀的受助者有助于维护和提高奖学金的声誉并有利于奖学金的长远发展。根据罗兹的遗嘱，罗兹学者的选拔包括 4 个主要标准：学术成就、品德、领导力以及社会责任感。罗兹奖学金的申请通常在前一年的春季开始。候选人在本国要通过标准化的程序选拔，包括提供个人陈述、简历、学术成就证明和推荐信，当地的选拔委员会据此选出参加面试的人员。面试的内容不仅包括候选人的学术水平，而且要求候选人展示出他们为社会做出贡献的潜力。通过面试的候选人将被推荐给托管人，托管人决定录取名单后，这些准罗兹学者将通过特别的罗兹渠道申请牛津大学，但最终能否获得奖学金还要取决于是否被牛津大学录取。在申请过程中，候选人可以联系牛津大学相应的学院或教授，以确保他们的研究计划符合牛津大学的研究方向。严格的选拔标准保障了罗兹学者有潜力成为未来的领导者，同时这也是吸引潜在罗兹学者的重要因素。因为罗兹学者的社会赞誉越高，罗兹奖学金的吸引力也就越大。据盖茨剑桥奖学金的学监介绍，2007 和 2008 两个学年间，至少 6 位盖茨剑桥奖学金申请者在获得罗兹奖学金后放弃了盖茨剑桥奖学金的申请。[121]

（七）密切的学者联系

每一届罗兹学者中会指定至少一名年级负责人，这些负责人会与同届同学联系并邀请他们参与到罗兹大家庭的活动中。全世界大约有 4 400 名在世的罗兹学者，主要的罗兹学者生源国家都设有罗兹学者联合会，联合会负责组织多样的学者活动。活动不仅包括晚宴、招待会等，还会举办特定主题的论坛或在世界经济论坛等活动中举办年会，邀请罗兹学者和友人参加；在托管人退休或新的托管人加入时，也会开展多样的纪念或庆祝活动。罗兹学者对罗兹奖学金的支持和回报是多样的，除资金外还有时间和智慧。除了可以通过加入专业委员会或作为托管人参与到罗兹奖学金的管理中，活跃在学术界、工商业界和政界的罗兹学者在人才培养、产业资源和媒体及信息资源方面，都给予罗兹奖学金和其他学者大力支持。

三、罗兹奖学金永续发展的启示

通过对罗兹奖学金的研究可以发现，永续型大学奖学金的长期发展需要资金和制度两方面的保障。

一方面，资金是维持奖学金永续运行的基础，资金保障又包括投资和募捐两个部分。捐赠基金不仅要保证每年的奖学金支出，还要对抗通货膨胀等，因此，若要永续运行，必须通过投资以获得收益。这需要聘请专业人士组成投资委员会或将资金外包给专业的投资机构，通过资本市场的投资运作，使本金不断增值，为奖学金永续运行提供资金保障。基金管理中的公开、透明原则，有助于提高捐赠基金的社会公信度，获得社会各界友人的更多信赖，从而吸引更广泛、更持续的社会捐赠资源。[122]募捐中，校友是捐赠的主体，要充分意识到已毕业的学者或校友是基金最宝贵的财富，重视校友会等联络和服务校友的机构建设。[123]随着奖学金规模的扩大和知名度的提高，校友的慷慨捐赠也会带动越来越多的社会捐赠。

另一方面，永续型奖学金需要灵活的调节机制，以根据实际情况不断调整完善自身制度。每次做出的改变都必须既符合出资人的原始意愿，又符合现行的法律法规和时代精神。捐赠基金要长期运行，捐资人必须明确授权给托管人，例如，如果原始规定不符合最新的法律法规时需要如何修改，如何判断是否需要提高奖学金的金额或增加奖学金的名额等。我国有些还处在探索阶段的捐赠基金，制度不够完善，缺乏经验，工作人员大多是非专业人员，对基金的模式、程序不熟悉，理事对基金的工作支持有限，这些都会对捐赠基金的运行带来不利影响。[124]在这样的条件下，更是对有修改权的托管人提出了很高的要求。托管人需要由有一定地位的工商业或学术界高级管理人员担任，他们通常会对托管人的责任比较熟悉。此外，资深托管人对新托管人的培训也非常重要。

近年来，我国民众对大学的捐赠热情不断升温，《2012 中国大学评价研究报告》显示，2011 年我国大学校友捐赠共计 21.45 亿，是 2010 年的两倍多。捐赠基金在改善教学、科研和环境设施，帮助困难学生，奖励优秀教师，资助学科建设和发展等方面都发挥了重要作用。但与罗兹奖学金相比，我国大学捐赠奖学金的实践还不成熟。罗兹奖学金成立之时，欧洲是世界经济的中心，罗兹创立以其名字命名的奖学金，吸引各国人才前往英国一流大学学习，并以此加强各国与英国的沟通与交流。现在，中国已成为世界第二大经济体，在世界经济增长和贸易互惠中发挥着日益重要的作用。罗兹奖学金的成功范例，为我国发展类似捐赠基金提供了参考，其成功的经验，即建设专业化的募捐投资队伍和搭建制度化的治理结构，对提高我国类似捐赠基金的管理水平也具有积极的借鉴意义，有利于扩大我国大学捐赠奖学金的规模并提升奖学金的使用效率，促进高等教育事业的发展。

第四节　本章小结

对拥有庞大捐赠基金的世界一流大学而言，虽然其捐赠基金在金融危机的影响下遭受了严重损失，但是凭借能够抵御风险的支出提取政策，这些一流大学的捐赠基金在危机中依旧为大学的运营提供了稳定而充裕的资金。总体而言，本章通过对这 6 所大学的捐赠基金的分析，有以下 3 点发现。

第一，国外一流大学的捐赠基金在此次金融危机中遭受了严重的损失。一方面，由于大学的捐赠基金积极参与了金融产品的投资，尤其是高风险的股票类产品的投资，所以当金融产品急剧贬值时，这些大学捐赠基金不可避免地受到影响，资产规模大幅缩水，有些学校甚至缩水超过30%。另一方面，金融危机也降低了校友、企业的捐赠能力和热情，使大学获得的捐赠收入大幅减少。而随着金融危机影响的消退，大学捐赠基金的规模以及接受捐赠的金额也逐渐恢复。

第二，一流大学通过专业的投资和募捐运作继续为大学运转提供资金保障。托管人在投资方面的受托责任是，在扣除必要的支出以及考虑到通胀因素的情况下，保障基金的实际购买力。在支出上涨、投资收益波动加大的双重压力下，世界一流大学的基金都注重风险管理，但它们采取了略显不同的对应策略：一些基金更注重"节流"，严格控制支出；另一些基金则更重视"开源"，拓宽基金合作伙伴，加大募捐力度。在同校友保持联系的同时，鼓励他们增加对学校的支持和回报，努力争取不同行业的校友对学校在人才培养和信息资源分享等方面的大力支持，例如参与捐赠、直接加入专业委员会或作为托管人参与到基金的管理中等。

　　第三，有赖于抵御风险的制度设计，捐赠基金在遭受严重损失的情况下仍为大学提供了稳定的经费收入。考虑到金融系统的不稳定性和欧元区经济疲软，基金管理人员在制定支出策略的时候大多采取谨慎原则，用前3（或5）年的资产平均价值来决定当年可支出的资金。这种移动平均法，即以前3（或5）年的资产市场价值为基准，乘以事先设定的支出率得出当年的支出金额，减小了因当年资产价值的波动而带来的支出不稳定性。虽然捐赠基金规模受金融危机影响大幅缩水，但是凭借具有抵御风险功能的平滑支出政策，通过将捐赠基金多年价值的平均值作为基数，以及调高捐赠基金支出率的方法，这一影响并未削弱捐赠基金的支出能力。也正因如此，平日里高度依赖捐赠基金支出的美国一流私立大学，在金融危机时期依旧保持了健康的财务状况。

第五章　金融危机对世界一流大学教师的影响及大学的应对

世界一流大学所展现的高水准与其拥有的一流教师队伍密不可分。一所大学之所以能够获得社会和学界的认可，是因为这所大学里有他们愿意认同的学者和教师。[125]哈佛大学前校长科南特（James Conant）曾说过："大学的荣誉不在于校舍和人数，而在于教师的质量。一个学校要站得住，教师一定要出色。"[126]

在美国，大学教师往往被分为"终身制教师"（Tenure）和"非终身制教师"（Non – Tenure）两大类。终身制是指任期持续到教师由于年龄或身体原因而不能工作为止的终身聘用制度。通过终身制雇佣的教师不能被随意解雇，只有在理由非常充分，诸如遇到不可避免的财政危机或重大教学课程变动的情况下才能终止其任期。[127]终身制是美国大学教师聘用制度中最重要的特点。在 20 世纪初美国大学建立终身教授制度至今的近百年时间里，终身教授制度在维护学术自由、保障职业安全、吸引优秀人才、平衡行政权力与学术权力等方面都发挥了积极作用，促进了美国高等教育的巨大发展。有研究表明，对于研究型大学而言，终身教授人数与学校的科研成果呈显著正相关关系。[128]例如，终身教授近年发表的同行评审文章通常是非终身教授的 2 ~ 3 倍，终身教授近年来独著与合著的著作数量也大大高于非终身教授，而这些是打造研究型大学良好声望不可或缺的组成部分。[128]

非终身制教师包括无终身制申请权的助理教授和绝大部分专职讲师。非终身制教师属于新兴的、不断发展的群体，其发展动力源自 3 个方面。第一，非终身制教师可给予大学高度的灵活性，有助于学校在财政资源不断紧缩的条件下满足教学需求。第二，聘用非终身制专职教师可以节约教育成本。这是因为终身教授与非终身教授之间的平均工资差距较大，美国教育协会（National Education Association，NEA）的最新数据表明，2008 年私立研究型大学终身教授的年平均收入比非终身教授高 55%，公立研究型大学终身教授的年平均收入水平比非终身教授高 60%。[129] 第三，由于非终身制专职教师主要从事教学工作，教师与学生的关系可能因此而得到加强。

美国大学还拥有较多的兼职教师，这有利于充分发挥教师潜力，优化教师资源配置。兼职教师承担了基础课程和实践课程中绝大部分的教学工作，这就为专职教师从事科研创设了条件；兼职教师的工资成本低，聘任与解雇的程序都较为简单，这提高了大学人事管理的效率。近年来，兼职教师的数量一直呈上升态势，美国教育部的统计资料显示，兼职教师在整体教师中所占比重从 1977 年的 34% 上升到 2007 年的 47%。[130] 由此可见，兼职教师已逐渐成为大学教学与科研活动中不可小觑的师资力量。本研究中的教师包括全职终身制教师、全职非终身制教师和兼职终身制教师、兼职非终身制教师。

第一节　金融危机对世界一流大学教师的影响

数据表明，金融危机发生后，这 6 所大学并未减少人员经费支出。本节将立足终身制教师和非终身制教师两个维度，全面考察这 6 所世界一流大学的教师数量和薪酬水平。本研究中的薪酬水平是指所有全职教师（不含医学院）1 学年（9 个月）的平均工资收入。由于英国大学的学衔设置与美国大学存在较大差异，为确保研究的严谨性，本研究暂不涉及金融危机对英国大学教师的影响。

一、对终身制教师的影响

"终身制教师"主要包括教授（Professor）和副教授（Associate Professor），也包含拥有终身制申请权的助理教授（Pre – Tenure Assistant Professor）和拥有终身制申请权的副教授（Pre – Tenure Associate Professor）。终身制教师独立开展教学和科研活动，且都具备指导博士研究生的资格，是学校教学与科研活动的核心力量。

（一）对终身制教师数量的影响

如表 20 所示，金融危机发生前后，耶鲁大学和加州大学伯克利分校终身制教师数量稳中有升。哈佛大学自 2009 学年起终身制教师数量大幅减少，尤其是正值金融危机的 2009 学年骤减了 188 名。自 2007 学年起，华盛顿大学西雅图分校终身制教师数量一直呈减少态势，导致其终身制教师外流的原因之一是该校较低的工资水平[131]无法满足该地区较高的生活成本。[132]2010 学年，由于加州大学伯克利分校拥有终身制申请权（Tenure‐Track）的教师数量有所减少[133,134]，故该校终身制教师数量略有下降，但已获终身制教师的数量在 2010 学年依旧处于增加态势。

表 20　2005～2010 学年美国 4 所大学终身制教师数量变化表

学　年	哈佛大学	耶鲁大学	加州大学伯克利分校	华盛顿大学西雅图分校
2005 学年基数	1428	801	1233	1504
2006 学年同比	+ 5	+ 8	+ 47	+ 151
2007 学年同比	+ 23	+ 9	+ 13	- 249
2008 学年同比	+ 28	+ 39	+ 15	- 28
2009 学年同比	- 188	+ 18	+ 95	- 23
2010 学年同比	- 28	+ 7	- 4	- 13
2010 学年与 2007 学年相比累计变化	- 188	+ 64	+ 106	- 64

资料来源：美国中学后教育数据整合系统（IPEDS）。

（二）对终身制教师薪酬水平的影响

在 2009 学年之前，教授和副教授的薪酬一直处于增长态势（见表 21）。值得关注的是，在金融危机影响最为严重的 2008 学年，终身制教师的工资均保持增长态势，只有华盛顿大学西雅图分校自 2009 学年起逐步减少了教授的薪酬水平。

表 21　2005～2010 学年 4 所大学终身制教授薪酬水平变化表

单位：美元

学　年	哈佛大学	耶鲁大学	加州大学伯克利分校	华盛顿大学西雅图分校
2005 学年基数	160 198	149 566	122 318	98 266
2006 学年同比	+ 5.80%	+ 4%	+ 4.2%	+ 7.4%
2007 学年同比	+ 5.06%	+ 4.9%	+ 7.8%	+ 5.8%
2008 学年同比	+ 5.35%	+ 5.7%	+ 2.6%	+ 4.6%
2009 学年同比	+ 1.36%	+ 0.02%	+ 1.1%	- 0.14%
2010 学年同比	+ 2.09%	+ 1.4%	+ 1.18%	- 2.8%

资料来源：美国中学后教育数据整合系统（IPEDS）。

2005～2008 学年，4 所大学副教授的薪酬水平均呈明显的上涨趋势。2009 学年，耶鲁大学副教授的薪酬水平与上一年几乎持平。2010 学年，华盛顿大学西雅图分校薪酬略减。与 2007 学年相比，截至 2010 学年，4 所大学副教授的薪酬水平总体上仍呈上涨趋势（见表 22）。

表 22　2005～2010 学年 4 所大学终身制副教授薪酬水平变化表

单位：美元

学　年	哈佛大学	耶鲁大学	加州大学伯克利分校	华盛顿大学西雅图分校
2005 学年基数	95 077	85 695	80 604	70 968
2006 学年同比	+3.56%	+1.8%	+6.4%	+6.2%
2007 学年同比	+5.12%	+6.2%	+8.7%	+8.1%
2008 学年同比	+4.81%	+8.6%	+2.9%	+5.1%
2009 学年同比	+6.01%	+0.05%	+1.4%	+0.7%
2010 学年同比	+5.21%	+3.5%	+2.4%	−0.43%

资料来源：美国中学后教育数据整合系统（IPEDS）。

二、对非终身制教师的影响

非终身制教师大多集中于低学衔职位[135]，一般包括无终身制申请权的助理教授（Assistant Professor on Term）和专职讲师（Lecturer）。由于美国高校自治化程度较高，不同学校的教师职位分类略有不同，例如，哈佛大学非终身制教师职位共有 26 种[136]，斯坦福大学非终身制教师系列中包括教学型教授（Teaching Professor）和教学型副教授（Teaching Associate Professor）[137]。在综合了 4 所样本大学的实际情况后，本研究中对非终身制教师的界定包括教学型教授（Teaching Professor）、教学型副教授（Teaching Associate Professor）、短期聘用型助理教授（Assistant Professor on Term）、讲师（Lecturer）和教员（Instructor）。其中，"讲师"是在教授之下设置的、主要负责基础性教学工作和学生指导工作的教师[138]；"教员"为刚入职的临时教师和兼职教师[139]。

（一）对非终身制教师数量的影响

如表 23 所示，这 4 所学校的非终身制教师数量在金融危机发生前两年一直处于增长态势，金融危机发生期间，耶鲁大学、加州大学伯克利分校和华盛顿大学西雅图分校的增长态势中断，哈佛大学则保持增长。在金融危机发生后的 2010 学年，耶鲁大学非终身制教师数量持续减少，加州大学伯克利分校和华盛顿大学西雅图分校恢复了增长态势。截至 2010 学年，与金融危机发生之前的 2007 学年相比，除哈佛大学以外的 3 所学校非终身制教师数量均有所减少。需要说明的是，加州大学伯克利分校非终身制教师数量的变化幅度较大，这与该校非终身制教师聘期短、流动性大有关。例如，该校教员聘期大多为一年，最多为两年。

表 23　2005～2010 学年美国 4 所大学非终身制教师数量变化表

学　年	哈佛大学	耶鲁大学	加州大学伯克利分校	华盛顿大学西雅图分校
2005 学年基数	277	622	664	668
2006 学年同比	+221	+66	+95	+5
2007 学年同比	+38	+6	+1	+89
2008 学年同比	+51	+32	+73	−23
2009 学年同比	+16	−2	−133	−51
2010 学年同比	+48	−39	+58	+15
2010 学年较 2007 学年累计变化	+115	−9	−2	−59

资料来源：美国中学后教育数据整合系统（IPEDS）。

4 所学校非终身制教师数量的变化还体现了金融危机对高等教育影响的滞后性。在金融危机爆发的 2008 学年，只有华盛顿大学西雅图分校减少了非终身制教师数量，但在金融危机消退的 2009 学年，有 3 所学校的非终身制教师数量减少。在金融危机爆发的 5 年后，高校行政员工依旧面临着较大的失业威胁。美国贝恩咨询公司（Bain & Company）在 2008～2009 学年所针对高等院校节省开支的咨询报告中指出，大学结构复杂，冗长的行政事项浪费了大量资源，建议削减不必要的行政事务及人员以保障核心学术活动。[140] 伦敦城市大学在 2013 年宣布，该校可能会减少大约 100 名行政员工来节省开支。[141]

（二）对非终身制教师薪酬水平的影响

由于 4 所学校非终身制教师的类别不同，为了使研究对象具有最大限度的可比性，本研究选取讲师作为非终身制教师的代表，对其薪酬水平进行比较研究。

数据显示，4 所大学讲师的薪酬水平在 2008 学年均呈上升趋势（见表 24）。金融危机爆发后的 2009、2010 学年，哈佛大学和华盛顿大学西雅图分校均降低了讲师的薪酬水平。加州大学伯克利分校 2010 学年以及耶鲁大学 2009 学年的涨幅都出现较大下降。

表 24　2005~2010 学年 4 所大学非终身制讲师薪酬水平变化表

单位：美元

学　　年	哈佛大学	耶鲁大学	加州大学伯克利分校	华盛顿大学西雅图分校
2005 学年基数	88 486	59 446	56 055	52 086
2006 学年同比	+ 5. 31%	+ 0. 7%	− 1. 5%	+ 4. 3%
2007 学年同比	+ 4. 08%	+ 4. 6%	+ 10. 5%	+ 5. 5%
2008 学年同比	+ 3. 99%	+ 7. 3%	+ 6. 8%	+ 6. 7%
2009 学年同比	− 1. 79%	+ 2. 4%	+ 9. 0%	− 0. 29%
2010 学年同比	− 9. 76%	+ 5. 0%	+ 1. 5%	− 0. 24%

资料来源：美国中学后教育数据整合系统（IPEDS）。

第二节　金融危机对世界一流大学专职科研人员的影响

一、专职科研人员数量的变化

根据表 25 中的数据，除华盛顿大学西雅图分校以外，其余 3 所学校专职科研人员数量在 2005~2010 学年间大幅增加。加州大学伯克利分校 2010 学年专职科研人员规模约为 2005 学年的 1. 35 倍，增加了 468 名；耶鲁大学 2010 学年专职科研人员规模约是 2006 学年的 1. 5 倍，增加了 849 名；斯坦福大学专职科研人员 6 年间共增加 229 名，是 2005 学年的约 1. 6 倍。华盛顿大学西雅图分校专职科研人员数量在 2006、2007 和 2008 学年有所减少，但在随后两个学年持续增加，累计后略有增加。

表25　2005～2010 学年4 所大学专职科研人员数量变化表

学　年	斯坦福大学❶	耶鲁大学	加州大学伯克利分校	华盛顿大学西雅图分校❷
2005 学年基数	398	—	1334	672
2006 学年同比	+14	1639	+44	−4
2007 学年同比	+38	+190	+92	−21
2008 学年同比	+16	+313	+112	−41
2009 学年同比	+71	+221	+77	+22
2010 学年同比	+90	+125	+143	+43
2010 学年与2007 学年相比累计变化	+177	+689	+332	+24

资料来源：各大学年度报告以及美国高等教育综合信息系统（IPEDS）。

综上所述，与2007 学年相比，4 所大学终身制教师数量稳中有升，非终身制教师数量相对减少，除华盛顿大学西雅图分校专职科研人员数量小幅增加以外，其余3 所大学专职科研人员数量均在原有基础上大幅增加。

究其原因，这与美国政府执行的《重建和再投资法案》（ARRA）不无关系。为促使经济复苏，美国政府于2009 年2 月起实行一揽子经济刺激方案，包括将总额为215 亿美元的科研经费划拨给各大学和科研机构。截至2010 年，斯坦福大学合计接收到1.73 亿美元，耶鲁大学接收到0.962 亿美元，加州大学伯克利分校接收到1.39 亿美元，华盛顿大学接收到3.27 亿美元（包括医学院）。这些科研经费不但有力地支持了上述4 所大学的科研工作，还助其在金融危机时期聘用了大量科研人员。例如，华盛顿大学因为这笔科研经费直接或间接增设了2 000 余个工作岗位，其中不乏研究型科学家、技术人员和辅助人员。[128] 加州大学伯克利分校约有80 余个科研团队（Research Unit），到2010 年平均每个团队增加了3 名全职工作人员。[129] 由此可见，由ARRA 拨发的科研经费是各大学科研人员数量在2009、2010 年大幅增加的主要原因之一。

---

❶　斯坦福大学的数据不包括博士后数量。

❷　华盛顿大学西雅图分校数据来源为 http：//www. washington. edu/admin/factbook/OisAcrobat/Ois-PDF. html#anchor1.

二、专职科研人员薪酬水平的变化

专职科研人员的薪酬大多来源于所从事的科研项目。由于其他 3 所学校的数据不可得，故本部分仅考察了加州大学伯克利分校专职科研人员的薪酬水平在金融危机发生前后的变化情况。该校科研人员涵盖了研究员、研究科学家、研究专家和博士后四大系列。

金融危机发生前后，加州大学伯克利分校博士后和研究员系列的专职科研人员的薪酬水平并没有出现较大波动，而是保持了稳定的上升趋势（见表26）。2010 学年与 2007 学年相比，博士后的薪酬水平累计上涨了8.6%；3 类研究员的薪酬水平均累计上涨10%左右，除 2009 学年的薪酬水平与上一学年持平外，其余每年都有所增加。

表26　加州大学伯克利分校博士后与研究员系列薪酬水平变化表

单位：美元

学　年	博士后❶	助理研究员❷	副研究员❸	研究员❹
2005 学年基数	31 668	55 000 ~ 71 100	67 800 ~ 85 800	80 100 ~ 151 800
2006 学年同比	+2.0%	+2.0%	+2.1%	+2.0%
2007 学年同比	+7.6%	+3.2%	+3.2%	+3.2%
2008 学年同比	+2.2%	+6.6%	+7.4%	+7.0%
2009 学年同比	+5.3%	持平	持平	持平
2010 学年同比	+1.0%	+3.1%	+3.0%	+3.0%
2010 学年与 2007 学年相比累计变化	+8.6%	+9.8%	+10.6%	+10.2%

资料来源：http：//apo. chance. berkeley. edu/comp. html.

研究科学家系列的薪酬水平低于研究员系列，在金融危机发生的 2008 学年和 2009 学年，其薪酬水平与 2007 学年持平，在 2010 学年平均上涨 3.0%，与 2007 学年的上涨水平相差无几（见表27）。

---

❶ 加州大学伯克利分校博士后人员的薪酬水平在2005~2009 学年被分为20 档，2010 学年则未分档，为便于统一，选择历年最低档进行比较。
❷ 助理研究员的薪酬水平分为6 档，本研究选择最低档和最高档进行比较。
❸ 副研究员的薪酬水平被分为5 档，本研究选择最低档和最高档进行比较。
❹ 研究员的薪酬水平被分为9 档，本研究选择最低档和最高档进行比较。

表 27　加州大学伯克利分校研究科学家系列薪酬水平变化表

单位：美元

学年	助理研究科学家❶	副研究科学家❷	研究科学家❸
2005 学年	—		
2006 学年基数	47 600 ~ 61 600	58 800 ~ 74 400	69 400 ~ 131 600
2007 学年同比	+3.15%	+3.2%	+3.17%
2008 学年同比	持平	持平	持平
2009 学年同比	持平	持平	持平
2010 学年同比	+3.1%	+3.0%	+2.9%
2010 学年与 2007 学年相比累计变化	+3.1%	+3.0%	+2.9%

资料来源：http：//apo. chance. berkeley. edu/comp. html.

研究专家系列的薪酬水平低于研究科学家系列，在金融危机的爆发和消退阶段，该类专职科研人员的薪酬水平与 2007 学年持平，并在 2010 学年开始上涨，涨幅均为 3.0%（见表 28）。

表 28　加州大学伯克利分校研究专家系列薪酬水平变化表

单位：美元

学年	初级研究专家❹	助理研究专家❺	中级研究专家❻	研究专家❼
2005 学年基数	31 668 ~ 33 768	36 816 ~ 42 180	45 948 ~ 55 320	59 400 ~ 90 948
2006 学年同比	+3.2%	+2.5%	+2.0%	+2.0%
2007 学年同比	+3.2%	+3.2%	+3.2%	+3.2%
2008 学年同比	持平	持平	持平	持平
2009 学年同比	持平	持平	持平	持平
2010 学年同比	+3.0%	+3.0%	+3.0%	+3.0%
与 2007 学年相比累计变化	+3.0%	+3.0%	+3.0%	+3.0%

资料来源：http：//apo. chance. berkeley. edu/comp. html.

---

❶ 助理研究科学家的薪酬水平被分为 6 档，本研究选择最低档和最高档进行比较。
❷ 副研究科学家的薪酬水平被分为 5 档，本研究选择最低档和最高档进行比较。
❸ 研究科学家的薪酬水平被分为 9 档，本研究选择最低档和最高档进行比较。
❹ 初级研究专家的薪酬水平被分为 2 档，本研究选择最低档和最高档进行比较。
❺ 助理研究专家的薪酬水平被分为 3 档，本研究选择最低档和最高档进行比较。
❻ 中级研究专家的薪酬水平被分为 4 档，本研究选择最低档和最高档进行比较。
❼ 研究专家的薪酬水平被分为 5 档，本研究选择最低档和最高档进行比较。

由此可见，金融危机发生后，加州大学伯克利分校不仅增聘了大量专职科研人员，而且还适当提高了其薪酬水平。这也部分归功于《重建和再投资法案》划拨的科研经费。该校在 ARRA 执行报告中明确指出，因 ARRA 科研经费而增聘的专职科研人员的薪水完全从 ARRA 经费支出。[142]

第三节　金融危机对商学院教学的影响

金融危机爆发后，商学院一直以来过分追求经济利益而忽视社会与公众利益的教育方式凸显出弊端。有学者认为，金融危机爆发与金融监管不力以及金融从业人员的贪婪不无关系，因此需要改革高等教育尤其是商学院的课程（董泽芳，张茂林，2011）。许多人认为，在这场破坏力巨大的金融风暴中，一些具有国际影响力的领导人，无论是政府首脑还是金融大鳄，都难辞其咎，而他们大都拥有世界一流大学商学院的 MBA 学位。因此，关于商学院在多大程度上导致了金融危机的爆发以及商学院能否在一定程度上避免未来危机的发生的问题引发了各界激烈的讨论。一种观点认为，金融危机的发生是因为经济系统出现了问题，商学院的课程即使和危机有关，也只是很小一部分关系。另一部分批评者认为，商学院严重忽视了道德伦理、社会责任和危机管理等的教学，它们培养的学生只关心利润最大化。一些商学院的教授也认为，商学院及其 MBA 毕业生是危机发生的原因之一（O'Connor，2013）。剑桥大学贾奇商学院（Judge Business School）院长梅耶尔（Arnoud De Meyer）说："我们可能确实需要承担部分责任。"

金融危机后，商学院在捐赠和毕业生就业方面都遭遇了巨大挑战，越来越多的人开始关注更为重要的问题：商学院是否在把正确的课程教给正确的人。梅耶尔还强调："我们必须重新思考金融的基础，重新审视商业在社会中的定位，重新考虑如何使商业在更加规范的世界中运作。"

为此，不少世界一流大学的商学院开始重新整合课程，旨在让其毕业生更好地处理工作中将要面临的道德伦理困境。包括杜克和麻省理工在内的超过 50 家商学院采用了新的《表达价值观》（Giving Voice to Values）课程。耶鲁商学院力图使其培养的学生更加关注企业的可持续发展和企业所创造的社会价值

（宋卫红，潘枫，2013）。英国《金融时报》（*Financial Times*）2013 年的调查显示，在商学院 2008 届毕业生中，只有 1/3 的人所学课程中涉及企业社会责任，而这一比例在 2010 年提高到了 2/3。

毫无疑问，商学院本身并不能阻止经济危机的发生，但是他们的独特位置与作用可以让未来的领导者树立良好的危机管理意识和道德观念，这对未来经济的健康发展非常重要。

第四节　本章小结

在这一章中，我们通过美国中学后教育数据整合系统的统计数据呈现了 4 所美国大学终身制教师和非终身制教师数量及薪酬水平在金融危机发生前后的变化。虽然这 4 所大学的实际情况不尽相同，但仍具备了一定的共性。首先，在金融危机发生后，这 4 所大学终身制教师和非终身制教师薪酬水平的涨幅均有所减缓，但是相较于金融危机发生之前的水平，累计上涨明显。只有华盛顿大学西雅图分校的教师薪水，无论是终身制教师还是非终身制教师都有所减少。其次，在终身制教师数量方面，除哈佛大学出现减少以外，其余 3 所大学均有所增加。至于非终身教师的数量，只有哈佛大学略增，其余 3 所学校均出现下降。此外，由于金融危机对大学的影响具有滞后性，在金融危机爆发较长一段时间后，高校依旧在尽量削减行政经费，因此行政员工的数量很有可能进一步减少。

这 4 所大学的财务报表表明，金融危机发生后，捐赠基金规模严重缩水、州政府拨款明显减少，而人员薪酬水平却呈缓慢增长态势。那么，这 4 所大学是如何在不利局面之下保证人员支出水平的呢？

首先，这 4 所大学的整体收入水平没有出现下滑。公立大学凭借多元化的办学经费降低了州政府拨款减少带来的不利影响，私立大学凭借具有前瞻性的捐赠基金提取制度维持了捐赠基金支出水平[28]，缓和了捐赠基金数额严重缩水造成的负面影响。

其次，这 4 所大学重视教学和科研，不惜缩减其他开支甚至背负财政赤字以保证教师和科研人员的薪酬水平。例如，加州大学伯克利分校和斯坦福大学均大幅缩减了差旅费和行政人员的薪水[4,29]，华盛顿大学西雅图分校则产生了5亿美元的财政赤字[31]。

再次，《重建和再投资法案》划拨给大学的科研经费为专职科研人员数量的大幅增加及其薪酬水平的稳定增长做出了直接贡献，体现了联邦政府对大学科学研究的重视以及美国一流研究型大学对专职科研人员的依赖。

第六章　金融危机对世界一流大学学生 的影响及大学的应对

世界一流大学不仅需要优秀的教师，也需要大量有杰出才能的学生。毕竟学生是接受教育的主体，优秀的学生往往能够与教师进行高水平的互动，激发教师的教学热情，从而提高教学质量和效率。这 6 所大学拥有一流的师资队伍，也就更易招收到优秀的学生。例如，每年申报这 6 所高校的学生非常多，而录取率却较低，最终入学的新生大多在高中班级排名前 10%。据《美国新闻与世界报道》公布的全美顶尖大学招生情况看，2004 年秋季，排名第一的哈佛大学的录取率仅为 11%，学生在高中班级排名前 10% 的比例高达 96%；排名第二的普林斯顿大学的录取率为 13%，学生在高中班级排名前 10% 的比例高达 94%；位居第 13 位的约翰·霍普金斯大学的录取率为 30%，且在高中班级排名前 10% 的学生比例仍然很高，为 80%。[143]

世界一流大学通常都是优秀的研究型大学，其不仅招收最优秀的高中毕业生，而且会在全球范围内招收博士研究生。那些在全球范围内通过层层筛选后被录取的优秀博士研究生，通常会通过助教、助研等方式参与到一流大学的教学和科研工作中并发挥重大作用。因此，不论是优秀的高中生源还是优秀的研究生生源，均对维护和提高世界一流大学的教学质量具有重要意义。

本章将从学费水平、奖助学金水平和学生数量 3 个方面去考察金融危机给这些一流大学的学生带来的影响。

第一节　对学费水平的影响

从 20 世纪 80 年代起，一些国家的高等教育不再享有优先投资权，政府将稀缺的财政资源更多地投向了环境保护、医疗保健、基础设施和基础教育等领域。同时，尽管各国的高校在校生数量都有了不同程度的增长，但相应的高等教育经费只在高收入国家略有增长，而在其他国家都有相当程度的下降，以致出现了遍及全球的高等教育财政危机。在此背景下，由约翰斯通（Bruce Johnstone）总结并完善的高等教育成本分担理论开始受到各国政府的重视。[144] 他指出，应让学生及其家庭分担高等教育成本或加大其成本分担的程度，从而调动私人资源支持高等教育的发展。这已成为国际高等教育财政的一个重要趋势，各国的学费政策和学费水平也逐渐成为热点问题。那么，金融危机的发生是否导致了学费水平的上涨？鉴于英美两国高等教育学费政策存在较大差异，本研究将对美国和英国的大学学费政策以及学费水平在金融危机发生前后产生的变化分别进行研究。

一、对美国大学学费的影响

（一）美国大学的学费政策

与其他国家相比，美国的高等教育系统是高度分散和多元化的。美国宪法并未规定联邦政府在教育中的责任，教育政策的制定主要由州政府负责，因此美国的高等教育体制和高等教育学费政策不是 1 个而是 51 个，且每一个都有自己独特的政治、经济和文化背景。美国的大学还拥有学费定价的自主权，可在本州法律基础上自主设定学费。所以，不同州的大学学费水平存在较大差异。

私立大学和公立大学的学费水平也存在较大差异。美国私立大学通常采取"高学费/高资助"的学费政策，学费水平一直较高；公立大学在传统上享受资助性学费（Subsidized Tuition），因而学费水平较私立院校要低很多。然而20 世纪 80 年代以来，由于通货膨胀，公立学校的学费水平出现了大幅提升。例如，从 1980 年到 2001 年，消费价格指数增加了 115%，公立四年制院校的学费增长了 363%。此外，美国的公立大学大多将学费视作"经营运算成本和州政府拨款之间的差额"，所以政府拨款的减少也会使得公立大学提高学费。例如，在 1990～1991 学年，由于财政拨款被削减，美国四年制公立大学的学费增长率高达 12.5%。

（二）金融危机发生前后美国大学学费水平的变化趋势

在金融危机发生之后，两所私立大学——哈佛大学和耶鲁大学的全日制本科生（本国学生）的学费上涨水平与金融危机发生之前相当，但由于私立大学学费基数很高，所以尽管涨幅不大，学费依旧不菲。2010学年，美国籍全日制本科生就读哈佛大学每年需支付35 000美元的学费，就读耶鲁大学需支付36 500美元。2011学年，耶鲁大学进一步将学费水平提高至38 300美元，较2010学年上涨了5%。

对于学费水平原本不高的公立大学而言，金融危机发生之后的2009学年和2010学年学费水平涨势凶猛。与2008学年相比，2010学年华盛顿大学西雅图分校的学费水平累计上涨28%，加州大学伯克利分校则累计上涨40%，且加州大学伯克利分校2011学年又比2010学年同比上涨10%，学费被提高至12 192美元。[132]通过10年来不间断地上调，尤其是经历了几次大幅上调后，加州大学伯克利分校的本科生学费水平与哈佛大学、耶鲁大学的差距不断缩小（见表29）。

表29　2001～2010学年美国4所大学全日制本科生（本国学生）学费变化表

单位：美元

学　年	哈佛大学	耶鲁大学	华盛顿大学西雅图分校	加州大学伯克利分校
2001学年基数	23 457	26 100	3 593	4 123
2002学年同比	+5%	+4%	+16%	+2%
2003学年同比	+6%	+5%	+7%	+39%
2004学年同比	+5%	+5%	+7%	+4%
2005学年同比	+5%	+5%	+7%	+6%
2006学年同比	+5%	+5%	+7%	+2%
2007学年同比	+4%	+5%	+7%	+8%
2008学年同比	+4%	+2%	+7%	+7%
2009学年同比	+3%	+3%	+14%	+9%
2010学年同比	+4%	+5%	+14%	+31%
10年来累计变化	+41%	+39%	+86%	+108%

数据来源：美国中学后教育数据整合系统（IPEDS）；加州大学伯克利分校数据来源于http://registrar.berkeley.edu/Default.aspx? PageID=feesched.html.

在哈佛大学和耶鲁大学就读本科的国际学生享受与本国学生一样的学费标准，但在公立大学则不然。一般而言，就读于公立大学的国际学生需交付的学费远高于本国学生。在金融危机发生后，加州大学伯克利分校大幅提高了国际生的学费水平，2009 学年比 2008 学年同比增加近 50%，2010 学年继续上涨近 10%。如此累加以后，就读加州大学伯克利分校的国际学生需缴纳学费 32 281 美元，与哈佛大学 2010 学年的学费水平（34 976 美元）已相差无几（见表 30）。

表 30　2001~2010 学年美国 4 所大学全日制本科生（国际学生）学费变化表

单位：美元

学　　年	哈佛大学	耶鲁大学	华盛顿大学西雅图分校	加州大学伯克利分校
2001 学年基数	23 457	26 100	12 289	10 704
2002 学年同比	+5%	+4%	+21%	+12%
2003 学年同比	+6%	+5%	+5%	+14%
2004 学年同比	+5%	+5%	+11%	+20%
2005 学年同比	+5%	+5%	+11%	+5%
2006 学年同比	+5%	+5%	+7%	+5%
2007 学年同比	+4%	+5%	+4%	+5%
2008 学年同比	+4%	+2%	+5%	+5%
2009 学年同比	+3%	+3%	+5%	+48%
2010 学年同比	+4%	+5%	+4%	+9%
10 年来累计变化	+41%	+39%	+73%	+123%

数据来源：美国中学后教育数据整合系统（IPEDS）；加州大学伯克利分校数据来源于 http：//reg-istrar. berkeley. edu/Default. aspx？ PageID = feesched. html.

公立大学的研究生学费也上涨明显，尤其是本国学生的学费。与私立大学年均 3%~5% 的上涨幅度相比，加州大学伯克利分校的上涨幅度较大。以金融危机发生之后的 2009 学年和 2010 学年为例，加州大学伯克利分校累计上涨 25%，华盛顿大学西雅图分校累计上涨 14%，而哈佛大学和耶鲁大学则累计上涨了 7% 和 6%（见表 31）。另外，一些大学本科生学费的上涨幅度大于研究生学费上涨幅度。例如，加州大学伯克利分校和华盛顿大学西雅图分校 2010 学年的研究生学费都约为 11 000 美元，低于同时期本科生的学费水平，但在 2001 学年研究生的学费水平却是高于本科生的。而哈佛大学实行的是研究生与本科生缴纳同等额度学费的政策，所以未出现该现象。

表31 2001～2010学年美国4所大学全日制研究生（本国学生）学费变化表

单位：美元

学　年	哈佛大学	耶鲁大学	华盛顿大学西雅图分校	加州大学伯克利分校
2001学年基数	23 457	23 650	5 539	4 349
2002学年同比	+5%	+4%	+9%	+2%
2003学年同比	+6%	+5%	+5%	+39%
2004学年同比	+5%	+5%	+13%	+21%
2005学年同比	+5%	+4%	+9%	+13%
2006学年同比	+5%	+5%	+7%	+5%
2007学年同比	+4%	+4%	+7%	+8%
2008学年同比	+4%	+3%	+7%	+7%
2009学年同比	+3%	+3%	+7%	+10%
2010学年同比	+4%	+3%	+7%	+15%
10年来累计变化	+41%	+39%	+71%	+120%

数据来源：美国中学后教育数据整合系统（IPEDS）；加州大学伯克利分校数据来源于http://registrar. berkeley. edu/Default. aspx? PageID = feesched. html.

相较于本国研究生学费的上涨程度，国际学生的涨幅略低，但由于国际学生学费本就是本国学生学费的2～3倍，所以其学费水平依旧较高。2010学年，加州大学伯克利分校的学费水平同比上涨了7%，达到24 444美元，华盛顿大学西雅图分校的国际研究生学费为24 210美元，与哈佛大学、耶鲁大学等私立大学的学费水平的差距进一步缩小（哈佛大学为34 976美元，耶鲁大学为36 500美元），见表32。

表32 2001～2010学年美国4所大学全日制研究生（国际学生）学费变化表

单位：美元

学　年	哈佛大学	耶鲁大学	华盛顿大学西雅图分校	加州大学伯克利分校
2001学年基数	23 457	23 650	13 873	15 242
2002学年同比	+5%	+4%	+9%	+3%
2003学年同比	+6%	+5%	+3%	+18%
2004学年同比	+5%	+5%	+11%	+20%
2005学年同比	+5%	+4%	+9%	+4%
2006学年同比	+5%	+5%	+7%	+2%

续表

学　　年	哈佛大学	耶鲁大学	华盛顿大学西雅图分校	加州大学伯克利分校
2007 学年同比	+4%	+4%	+4%	+3%
2008 学年同比	+4%	+3%	+5%	+3%
2009 学年同比	+3%	+3%	+7%	+4%
2010 学年同比	+4%	+3%	+3%	+7%
10 年来累计变化	+41%	+39%	+58%	+64%

数据来源：美国中学后教育数据整合系统（IPEDS）；加州大学伯克利分校数据来源于 http：//reg-istrar. berkeley. edu/Default. aspx？ PageID＝feesched. html.

二、对英国大学学费的影响

（一）英国大学的学费政策

近一个世纪以来，英国大学的学费政策经历了从"社会福利"到"面向市场"的变化。英国是传统的社会福利国家，在高等教育领域也充分展现了"积极的福利社会"精神。自 20 世纪初至 80 年代起，英国一直实行"免费加助学金政策"，后来由于 20 世纪 70 年代的中东石油战争引起了世界性的经济危机，撒切尔政府不得不采取"财政紧缩"政策，导致高等教育经费被削减。随后的 20 世纪 80 年代和 90 年代，高等教育改革的重要内容之一就是经费制度的改革。政府拨款不再成为高等教育经费的唯一来源，而是力求通过多种途径增加收入，放宽学费政策就是其中的一项措施。相应地，英国高等教育的学费政策和资助制度也发生了变化。先是 20 世纪 80 年代中期，在读大学生本可依照社会福利领取的住宿费补助（Housing Benefits）被取消；而后自 1988 学年起，高校学生需依据家庭经济状况交付学费，但同时仍可获得政府为其提供的生活补助。自此，英国拉开了大学收费的序幕，进入了"低学费加助学贷款政策"时期。1998 年，英国议会通过了《教学和高等教育改革法案》，依据受益者分担教育成本的原则，允许高校向全日制本科生收取统一学费。英格兰议会进一步规定，英格兰地区高校从 1998 学年起开始收取统一的、相当于培养成本 1/4 的学费，即每人每年 1 000 英镑。英国政府还宣布，在未公布新的学费最高额度之前，各大学可以根据当年的居民消费价格指数（CPI）适当上调学费最

高额度。例如，2001 学年学费最高调整限额为 1 075 英镑，2002 学年上升到
1 100 英镑，2003 学年为 1 125 英镑，2004 学年为 1 150 英镑。2005 年的《高等
教育法案》宣布，自 2006 年 9 月起，学费最高额度上调至每人每年 3 000 英镑，
近日公布的 2012 学年学费最高额度进一步上调至每人每年 9 000 英镑。

（二）金融危机前后英国大学学费水平的变化趋势

与美国大学不同，英国大学在设定本国学生的学费时必须依照英国政府的
相关法案，参照最高学费额度收取学费。因此，位于同一地区、处于相当水平
的大学的学费水平基本一致。2004 年 1 月，英国议会通过了新的《高等教育
法案》，推出了新的高等教育成本分担政策。此法规定，从 2006 学年起，大学
学费的最高额度上调至每年 3 000 英镑。因此，牛津大学和剑桥大学在 2006 ~
2010 学年间的学费水平一直以 3 000 英镑为基数，并根据相应的居民消费价格
指数进行微调。欧盟学生享受和英国本国学生一样的待遇。

2010 年 12 月 9 日，因金融危机后政府进一步削减了公共预算，英国议会下
院以 323 票赞成、302 票反对通过了上调英格兰大学学费上限的议案。据此议
案，英国大学学费的最高上限将由 2010 学年的 3 290 英镑涨至 9 000 英镑，并于
2012 年实施。按照政府计划，每学年学费的基本上限将调高至 6 000 英镑，封顶
为 9 000 英镑，各大学可在此范围内自行决定收费标准。牛津大学和剑桥大学都
选择了最高额度，即 9 000 英镑作为其收费标准（见图 12）。

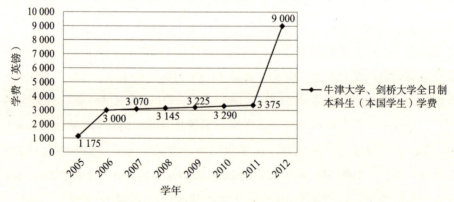

图 12 牛津大学、剑桥大学全日制本科生（本国学生）学费变化

数据来源：http://www.ox.ac.uk/feesandfunding/fees/information/universityrates/download/；http://
www.study.cam.ac.uk/undergraduate/finance/tuition.html.

相对于较为严格的本科生学费管理制度，英国政府对研究生学费的管理较为宽松，但在实践中也受到研究委员会设定的最高限额的影响。牛津大学和剑桥大学对来自本国和欧盟国家的研究生的收费水平基本一致。以剑桥大学为例，该校 2005 学年本国研究生学费为 3 085 英镑，2006～2010 学年的 5 个学年间涨幅均保持在 2% 左右，2011 学年则一跃至 3 732 英镑，涨幅高达 8%，2012 学年的涨幅又回落至 2%（见图 13）。此外，英国的硕士学位包括两种类型，分别是授课型硕士和研究型硕士。根据牛津大学公布的数据，这两类硕士的学费水平保持一致。

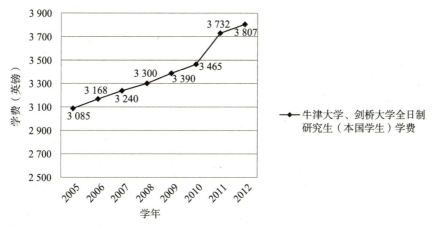

图 13　牛津大学、剑桥大学全日制研究生（本国学生）学费变化

数据来源：http：//www. admin. cam. ac. uk/students/studentregistry/fees/costs/fulltime. html；http：//www. ox. ac. uk/feesandfunding/fees/information/universityrates/download.

与本国和欧盟国家学生的学费需依照英国政府的法案设定不同，英国大学在设定非欧盟国家学生的学费时享有较大自主权。在 1979 年之前，英国对海外留学生的收费标准与本国学生是一致的。1980 年英国宣布取消留学生补贴，向非欧盟学生收取全额学费。非欧盟学生的收费标准，通常由研究委员会的最高额度再加上高等教育拨款机构给予英国和欧盟学生指导补助金拨款的相应额度予以确定。近年来，受英国政府大力开拓留学生市场的政策驱动，各大学提高了海外学生学费的定价自主权。国际学生的学费每年都会上涨，涨幅在 5%～15% 之间。不同地域、不同专业的学费存在一定的差异。一般来说，文科学费较低，商科和理科较高，医科最高。

　　金融危机发生前后，牛津大学全日制国际学生（本科生）的学费水平上涨较为平稳，从 2005 学年的 9 960 英镑上涨至 2012 学年的 13 200 英镑，平均每年上涨 4.8%（见图 14）。剑桥大学则从 2010 学年起逐步加大了学费的上涨幅度，具体而言，2010 学年较 2009 学年同比上涨约 10%，2011 学年同比又上涨约 10%，2012 学年则大幅上涨约 30%，涨幅均高于往年水平（见图 15）。

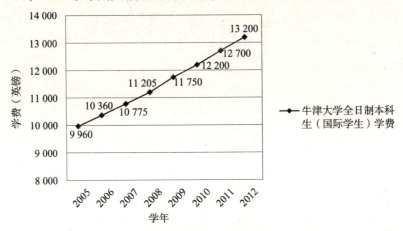

图 14　牛津大学全日制本科生（国际学生）学费变化

数据来源：http：//www. ox. ac. uk/feesandfunding/fees/information/universityrates/download/.

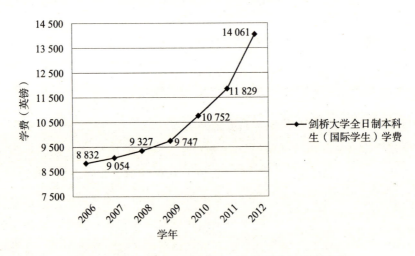

图 15　剑桥大学全日制本科生（国际学生）学费变化

数据来源：http：//www. admin. cam. ac. uk/students/studentregistry/fees/costs/fulltime. html.

　　此外，在英国攻读硕士学位的海外留学生的学费与攻读学士学位的留学生学费水平相差不大，牛津大学、剑桥大学向硕士阶段和本科阶段的国际学生收取的学费基本相同。[145]

综上所述，美国公立大学和英国大学的学费上涨幅度较大，美国私立大学如哈佛大学和耶鲁大学由于其原本高昂的学费水平，涨幅并未出现显著增加。

第二节　对资助水平的影响

通常，政府和大学会通过多种途径为学生提供资助。财政资助在高等教育领域具有非常重要的地位，已成为入学管理工作中一项关键性的战略工具。财政资助有两大目的，一个是帮助已被录取却不能负担学费的学生，一个是通过奖励来吸引成绩优秀或是在体育、文艺等方面有特长的学生。资助的类型主要为奖学金、助学金和助学贷款。由于美英两国的学生资助政策存在较大差异，故对两者的资助水平分开研究，思路均为先梳理资助类别，再考察资助额度。

一、对美国大学资助水平的影响

（一）美国大学的资助类别

在美国，资助包括非服务性奖学金、服务性奖学金和助学贷款三大类别。非服务性奖学金在 3 种奖学金中所占比例最大，金额也最多，包括由联邦政府、州政府提供的助学金（Fellowship/Grants）、奖学金（Scholarship）、免学杂费等以及美国大学自己设定的奖学金。获得助学金即获得了全奖，不仅会免去全部学杂费，还会得到一定数额的生活费。同助学金相比，奖学金的形式多样，获奖机会更大。一般来说，一所大学会同时设有来自不同基金的奖学金，学生有可能获得两种以上的奖学金。服务性奖学金是指助教金和助研金，同时会免除学杂费。这种奖学金一般颁发给研究生，本科学生获得的机会很小，获得资助者会被要求每周担任 12～20 小时的教学或研究工作。第三类资助为助学贷款，美国高校一般只将贷款提供给本国学生（见图 16）。

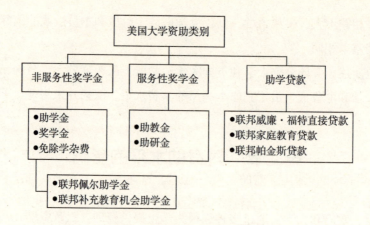

图16 美国大学主要资助类别

资料来源：由笔者根据文献资料整理。

通常，助学金政策是保障贫困学生接受高等教育、促进高等教育入学机会均等的最主要政策。美国在 20 世纪 70 年代初出台了直接面向贫困学生的国家助学金项目——佩尔助学金（Pell Grants）。佩尔助学金是第一个由联邦政府直接资助的、基于学生经济需要的助学金项目，这是联邦政府首次成为学生资助的最大来源。佩尔助学金是联邦助学金的基础，其获得者还可累计获得其他的联邦或非联邦助学金。另外，该助学金一般只发给尚未获得学士或硕士学位的学生。

联邦补充教育机会助学金（Federal Supplemental Educational Opportunity Grants，FSEOG）每年由教育部拨给参加此项计划的大学，再由大学的助学金办公室统一管理。它通常发放给财务特别困难的大学生，即"预期家庭出款数"（EFC）最低的学生。

至于助学贷款，则必须付息偿还。大学生和研究生都可以贷款，学生的父母也可以贷款支持财务上不能自立的大学生。最高贷款额度取决于学生的在校时间。贷款分为直接贷款和间接贷款两大类。直接贷款或联邦威廉·福特直接贷款（Federal William Ford Direct Loan）由符合条件的学生或学生父母直接向联邦政府申请。间接贷款有多种形式，如联邦家庭教育贷款（Federal Family Education Loan）由私人贷款公司提供，联邦帕金斯贷款（Federal Perkins Loan）由参与计划的高校向最需要低息贷款的学生提供。

（二）美国大学资助水平受到的影响及美国大学的应对

金融危机爆发后，哈佛大学和耶鲁大学并没有大幅上调学费，但其学费水平仍然较高。考虑到有些学生家庭受到金融危机影响而面临前所未有的财政压力，两所大学从 2008 学年起加大了助学金投放比例，但同时缩减了贷款名额。如表 33 所示，在 2008 学年之前，哈佛大学每年新生中受到贷款资助的学生比例在 20%～35% 之间，而 2008 学年该比例骤降至 10%。与此同时，获得学校助学金的学生比例却从之前的 40%～50% 上升至 62%。资助类别由贷款向助学金倾斜只是金融危机发生后这两所私立大学资助水平发生变化的一个方面，另一明显变化为资助力度的加大，这充分体现于资助金额的上涨。如图 17 所示，哈佛大学 2008 学年提供的助学金总额较 2007 学年大幅提高，加上新增的联邦助学金，不仅弥补了州政府助学金削减的不足，还使得 2008 学年的资助总额在 2007 学年的基础上大幅上涨了 25%，而当年新生中获得资助的学生比例也从前一年的 62% 上升至 81%。在扩大资助范围的同时，哈佛大学还进一步上调了助学金的资助额度。2008 学年哈佛大学助学金上涨至 3.4 万美元左右，较 2007 学年同比上涨 13%，而自 2011 学年起，哈佛大学对家庭年收入不足 4 万美元的学生提供高达 6.5 万美元的助学金且不需偿还。[146]

表 33　2000～2008 学年哈佛大学新生助学金构成表

单位：美元

学年	联邦政府提供的奖助学金			州政府提供的奖助学金			学校提供的奖助学金			助学贷款		
	人数	比例	金额	人数	比例	金额	人数	比例	金额	人数	比例	金额
2000	371	23%	3 747	30	2%	1 130	698	42%	16 069	561	34%	3 051
2001	381	23%	3 727	34	2%	1 129	760	46%	18 507	457	28%	2 477
2002	365	22%	3 630	82	5%	2 252	776	48%	19 584	456	28%	2 621
2003	393	24%	4 158	61	4%	2 809	809	49%	21 702	434	26%	2 709
2004	405	25%	4 041	98	6%	1 902	824	50%	23 314	435	27%	2 890
2005	416	25%	4 586	84	5%	2 209	840	51%	25 078	395	24%	3 610
2006	404	24%	4 524	74	4%	2 321	870	52%	28 582	306	18%	3 898
2007	431	26%	4 090	80	5%	2 574	892	53%	30 446	358	21%	4 307
2008	398	24%	4 750	72	4%	2 481	1038	62%	34 302	164	10%	4 656

数据来源：美国中学后教育数据整合系统（IPEDS）。

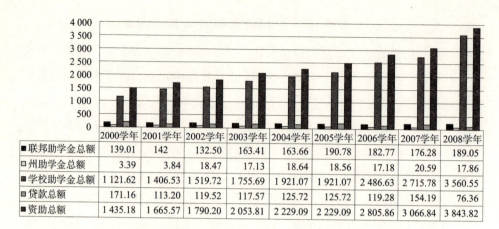

	2000学年	2001学年	2002学年	2003学年	2004学年	2005学年	2006学年	2007学年	2008学年
■ 联邦助学金总额	139.01	142	132.50	163.41	163.66	190.78	182.77	176.28	189.05
□ 州助学金总额	3.39	3.84	18.47	17.13	18.64	18.56	17.18	20.59	17.86
■ 学校助学金总额	1 121.62	1 406.53	1 519.72	1 755.69	1 921.07	1 921.07	2 486.63	2 715.78	3 560.55
▤ 贷款总额	171.16	113.20	119.52	117.57	125.72	125.72	119.28	154.19	76.36
■ 资助总额	1 435.18	1 665.57	1 790.20	2 053.81	2 229.09	2 229.09	2 805.86	3 066.84	3 843.82

图 17　2000~2008 学年哈佛大学新生助学金金额分布情况（单位：万美元）

数据来源：美国中学后教育数据整合系统（IPEDS）。

同样，耶鲁大学 2008 学年的资助总额、助学金比例、助学金平均额度亦较 2007 学年大幅增加。2008 学年由耶鲁大学本校提供的助学金总额为 0.25 亿美元，同比上涨 48%；助学金比例从 45% 上涨至 56%，助学贷款比例从 18% 下降至 7%；助学金的平均额度为 33 019 美元，同比上涨 18%（见图 18 和表 34）。

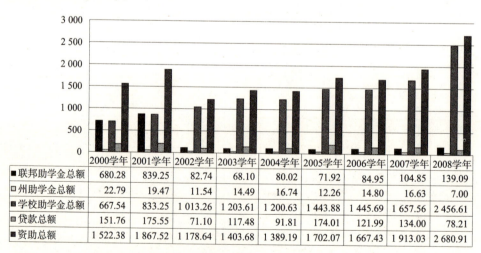

	2000学年	2001学年	2002学年	2003学年	2004学年	2005学年	2006学年	2007学年	2008学年
■ 联邦助学金总额	680.28	839.25	82.74	68.10	80.02	71.92	84.95	104.85	139.09
□ 州助学金总额	22.79	19.47	11.54	14.49	16.74	12.26	14.80	16.63	7.00
■ 学校助学金总额	667.54	833.25	1 013.26	1 203.61	1 200.63	1 443.88	1 445.69	1 657.56	2 456.61
▤ 贷款总额	151.76	175.55	71.10	117.48	91.81	174.01	121.99	134.00	78.21
■ 资助总额	1 522.38	1 867.52	1 178.64	1 403.68	1 389.19	1 702.07	1 667.43	1 913.03	2 680.91

图 18　2000~2008 学年耶鲁大学新生助学金金额分布情况（单位：万美元）

数据来源：美国中学后教育数据整合系统（IPEDS）。

表34　2000～2008学年耶鲁大学新生助学金构成表

单位：美元

学年	联邦政府提供的奖助学金			州政府提供的奖助学金			学校提供的奖助学金			助学贷款		
	人数	比例	金额	人数	比例	金额	人数	比例	金额	人数	比例	金额
2000	120	9%	5 669	38	3%	5 998	439	32%	15 206	451	33%	3 365
2001	150	12%	5 595	35	3%	5 562	500	39%	16 665	479	37%	3 665
2002	129	10%	6 414	33	3%	3 497	515	40%	19 675	241	19%	2 950
2003	100	7%	6 810	42	3%	3 449	576	43%	20 896	333	25%	3 528
2004	124	9%	6 453	36	3%	4 649	556	43%	21 594	314	24%	2 924
2005	110	8%	6 538	27	2%	4 539	575	44%	25 111	318	24%	5 472
2006	121	9%	7 021	33	3%	4 484	540	41%	26 772	264	20%	4 621
2007	143	11%	7 332	35	3%	4 750	594	45%	27 905	242	18%	5 537
2008	268	20%	5 190	16	1%	4 377	744	56%	33 019	88	7%	8 887

数据来源：美国中学后教育数据整合系统（IPEDS）。

综上所述，身为私立大学的哈佛大学和耶鲁大学均在金融危机影响最为严重的时候扩大了助学金资助名额、提高了助学金的资助额度，有力保障了优秀贫困生的入学机会。

对公立大学而言，金融危机爆发后，州政府财政收入减少，学生人数持续增长，导致高等教育学生人均拨款减少。报告表明，2010学年与2007学年相比，对每一名全日制学生而言，学生人均拨款减少了18%。在学生人均拨款减少的同时，州政府提供的资助也大幅缩水，因此大多数公立大学通过提高学费来应对州政府学生人均拨款减少造成的财政危机。与此同时，联邦政府通过增加奖助学金额度以削弱学费上涨带来的不利影响。首先，联邦政府将佩尔助学金的最高额度提高至5 550美元，平均奖励额度从2008学年的2 945美元提升到2010学年的3 828美元。其次，放宽对资助对象的申请要求。双管齐下，助学金总额从2008学年的181亿美元上升至2010学年的348亿美元。[134]

从落实到加州大学伯克利分校和华盛顿大学西雅图分校两所学校奖助学金的具体投放力度可以发现，加州大学伯克利分校自2009学年起大幅增加了奖助学金（Scholarship and Fellowship）的投放额度，2009学年奖助学金总额较

2008 学年同比增长约 77%，2010 学年则进一步增长至 1.77 亿美元，涨幅为 30%。同样，华盛顿大学西雅图分校的奖助学金金额亦稳步增加。2009 学年资助总额为 1.79 亿美元，较 2008 学年同比上涨 13%，2010 学年则上涨 3%（见表 35）。相较于加州大学伯克利分校的大幅度上涨，华盛顿大学西雅图分校的涨幅稍显温和。而加州大学伯克利分校之所以大幅提高奖助学金的资助力度，与其学费上涨较快不无关系。加州政府不断削减高等教育经费预算，该校 2011 学年从加州政府获得的教学拨款较 2010 学年减少了近 1/3。这加重了加州大学伯克利分校的运营压力，对此，该校不断提高学费以充实办学经费。此外，为了保证贫困学生的入学机会、充分吸引优秀生源，加州大学亦加大了奖助学金的投放力度。这在某种程度上类似私立大学采取的"高学费/高资助"政策，即在收取高学费的同时扩大资助力度，以达到高收入家庭分担较多办学成本、低收入家庭分担较小办学成本的目的。

表 35　2001~2010 学年加州大学伯克利分校和
华盛顿大学西雅图分校奖助学金资助总额变化表

单位：亿美元

学　年	加州大学伯克利分校	华盛顿大学西雅图分校
2001	0.60	0.81
2002	0.57	0.79
2003	0.69	1.02
2004	0.68	1.07
2005	0.77	1.17
2006	0.66	1.27
2007	0.76	1.43
2008	0.77	1.58
2009	1.36	1.79
2010	1.77	1.85

数据来源：加州大学伯克利分校和华盛顿大学西雅图分校 2001~2011 财年财务报表。

二、对英国大学资助水平的影响

（一）英国大学的资助类别

英国的高等教育学生资助主要有 3 种方式，即奖学金、助学金和助学贷款。奖学金和助学金直接由政府拨款至各高校，由学校自行支配。

根据学校制定的相关标准，奖学金用于奖励成绩优异的学生。英国全国性的奖学金项目有"英国皇家学会奖学金"和"英国皇家工程科学奖学金"。其中，"英国皇家工程科学奖学金"设立于19世纪中叶，旨在为英国工业技术的腾飞输送人才。该项目每年向50名学习工程学科的学生授奖，奖金数额通常在普通奖项的10倍以上，获得资助的学生经过不懈努力，多数会成为国家工程界的栋梁之才。

依照资金来源划分，英国的助学金主要包括政府助学金和学校助学金，分别由政府和学校根据学生家庭收入状况发放，均不需偿还。就助学金类别而言，与美国高校不同的是，英国政府专门设置了生活费补助（Maintenance Grant）和特殊补助（Special Support Grant）。后者主要包括两种：一种是为有学习障碍的学生而设，如身体某部位有缺陷等；另一种是为在读书期间需抚养未成年儿童或是有成年家属陪读的学生而设。学生在入学前可以向学校递交材料申请这些助学金，但是申请了特殊补助的学生就不能再申请生活费补助。牛津大学和剑桥大学规定，每一位获政府助学金的学生还可以获得一份学校助学金。

英国高校的助学贷款主要由专门的机构——助学贷款公司进行管理，而政府助学贷款计划的管理工作则主要由自治的公立机构或商业银行执行。自治的公立机构如英国"助学贷款有限公司"，通过政府预算和拨款等渠道获得贷款，建立起自己的周转基金。虽然其在财政和管理上都是独立的，但其主要负责人由教育大臣任命，因而助学贷款公司与教育科学部有着密切的关系。通常，助学贷款包括两类：一是学费贷款（Student Loan for Tuition Fees）；二是生活费贷款（Student Loans for Maintenance）。生活费贷款又细分为3个级别：独自居住在伦敦地区；独自居住在伦敦以外地区；同家人居住。牛津大学和剑桥大学学生入学时会额外收取学院费，因此这两所学校还特别设置了学院费贷款（College Fee Loan），但申请者需满足学校列出的相关条件，如申请者需修读指定专业或是第二本科学位等。英国高等教育助学贷款属于高度政策性的贷款，由国家财政提供全部贷款本金并承担还款拖欠的风险，实行无实息贷款，即贷款的实际利率等于零，还款价值与当年借款时的实际金额相等。

（二）英国大学资助水平受到的影响及英国大学的应对

为克服金融危机给国民收入带来的不利影响，英国政府从 2008 学年起大幅提高了可申请助学金家庭收入的最高限额，从 17 500 英镑上调至 25 000 英镑，从而扩大了资助范围。此外，自 2011 学年起，牛津大学和剑桥大学还提高了学校助学金的最高额度，剑桥大学从 2 825 英镑上调至 3 400 英镑，牛津大学则上调至 3 225 英镑（见表 36）。

表 36　2011 学年牛津大学助学金额度

单位：英镑

家庭收入	助学金额度
0 ~ 18 000	3 225（第一年即可获得 875）
18 001 ~ 25 000	3 225
25 001 ~ 30 000	3 108 ~ 2 166
30 001 ~ 35 000	1 947 ~ 1 128
35 001 ~ 40 000	1 000 ~ 750
40 001 ~ 50 020	500

数据来源：http://www.ox.ac.uk/feesandfunding/ugcurrent/university/oob/.

为回应学费最高额度上调至 9 000 英镑这一新规定，英国教育部出台了相应的资助政策。首先，可申请助学金的家庭收入最高限额上调至 42 600 英镑，而申请助学贷款的学生可在年收入达到 21 000 英镑之后再偿还，而在此之前，年收入达到 15 000 英镑即需偿还贷款。[145]

第三节　对学生数量的影响

一、对本科生数量的影响

公立和私立研究型大学都是高等教育普及后精英教育的载体，但是私立研究型大学在学生的选拔上更为严苛，较多地保留了传统精英教育的特点。另外，私立研究型大学本科生的规模往往小于研究生。[137]作为一流的私立研究型大学，哈佛大学的本科生（包括全日制和非全日制学生）规模基本维持在 7 000 人左右，金融危机发生后的 2008、2009 和 2010 学年，本科生人数均以稳定速度增长。耶鲁大学的本科生（包括全日制和非全日制学生）规模则维持在 5 000 人左右，2008 学年小幅增加，2009 学年和 2010 学年略有减少（见表 37）。

表 37　2001 ~ 2010 学年 6 所大学本科生数量变化表（含全日制和非全日制）

学　年	哈佛大学	耶鲁大学	华盛顿大学西雅图分校	加州大学伯克利分校	牛津大学	剑桥大学
2001 学年基数	7 085	5 286	26 019	23 269	10 978	11 899
2002 学年同比	- 0.49%	+ 1.00%	+ 0.06%	+ 2.43%	+ 0.38%	+ 1.00%
2003 学年同比	- 0.71%	+ 0.28%	+ 0.45%	- 2.64%	+ 0.69%	- 0.45%
2004 学年同比	- 0.37%	- 0.65%	+ 6.05%	- 1.40%	+ 0.21%	+ 0.13%
2005 学年同比	+ 0.40%	+ 1.69%	- 1.29%	+ 2.63%	+ 0.95%	- 0.63%
2006 学年同比	+ 1.40%	+ 0.02%	+ 1.68%	+ 1.29%	+ 7.85%	- 0.66%
2007 学年同比	- 0.27%	- 1.48%	+ 2.64%	+ 3.58%	- 1.56%	+ 0.02%
2008 学年同比	+ 1.06%	+ 0.28%	+ 2.89%	+ 1.70%	- 1.54%	+ 1.52%
2009 学年同比	+ 0.35%	- 1.40%	- 2.80%	+ 1.95%	+ 0.26%	+ 1.55%
2010 学年同比	+ 0.26%	- 0.09%	+ 6.53%	+ 0.40%	- 0.36%	- 0.94%

数据来源：美国中学后教育数据整合系统（IPEDS）；牛津大学数据来源于 http://www.ox.ac.uk/gazette/statisticalinformation/studentnumberssupplements/；剑桥大学数据来源于 http://www.admin.cam.ac.uk/offices/planning/sso/studentnumbers/201011.pdf.

肩负推进大众高等教育的社会责任，美国公立研究型大学的招生规模都很大，而且本科生人数远远大于研究生人数。[138] 以华盛顿大学西雅图分校为例，该校本科生与研究生的比例约为 2.65∶1。金融危机发生后，加州大学伯克利分校和华盛顿大学西雅图分校的本科生规模在原有基础上略增。身为英国高等教育的领头羊，牛津大学和剑桥大学的本科生数量在金融危机发生后保持稳定。

贝克尔人力资本模型显示，当决定是否继续接受教育时，个体会比较人力资本的收益和获得该收益的花费。此理论认为，对大学的需求取决于教育的净收益、替代品的价格、个人的偏好和预算约束。高等教育的收益主要包括增加的未来收入；高等教育的花费主要是指学费和为读书而放弃的工资收入以及身体方面的付出。[147]

收入和房产价值下降加之学费上涨，使得家庭对高等教育的可承担性降低。同时，上升的失业率降低了读书的机会成本，这意味着金融危机对大学录取率和花费也有一定积极的影响。布朗（Brown）和霍克斯比利用消费者支出调查（Consumer Expenditure Survey，CES）的数据研究得出，危机对大学入学率的净影响是正面的。[148]大学录取率每年都有所增加，而在经济进入衰退期之后，大学的入学率增幅提高。

根据里顿（Litten）和温斯顿（Winston）的观点，人们通过支付高等教育学费的形式投资人力资本，由于信息不对称等因素，人们无法确定他们所购买的是什么或只有在毕业的时候才有具体了解，他们难以在中途改变购买决策。他们还认为，高等教育通常是一次性的投资支出，而不是重复性的购买，这就使得投资高等教育更像是购买一种治疗癌症的疗法而不是购买食品杂货。还需指出的是，高等教育决策大都由父母代替子女做出，这不可避免地影响了个人教育投资的理性程度。[149,150]

二、对研究生数量的影响

为了争取优秀的生源和保持竞争力，金融危机后，美国许多一流大学对研究生的资助不仅没有降低反而有所增加。这些学校主要通过以下两项措施资助研究生：大幅提高研究生特别是文科学生的津贴额度；免去低收入家庭学生的学费或用奖助学金替代学生贷款。[151]美国的研究生类型包括硕士学位、博士学位和第一专业学位，本研究中不包括第一专业学位。根据表38的数据，哈佛大学和耶鲁大学的研究生数量在金融危机爆发后大幅增加。2007学年哈佛大学全日制研究生的数量为9 600名，2008学年猛增至12 300名，上涨了28%，为2001学年以来最高涨幅。耶鲁大学2007学年研究生总量为4 855名，其中全日制学生数量为4 715名；2008学年研究生总量骤涨至6 075名，涨幅达到25%。在增加的1 220名研究生中，全日制研究生数量为1 200名。

表38　2001～2010学年6所大学研究生数量变化表（含全日制和非全日制）

单位：名

学　　年	哈佛大学	耶鲁大学	华盛顿大学西雅图分校	加州大学伯克利分校	牛津大学	剑桥大学
2001学年基数	12 380	4 556	9 057	7 860	4 931	6 137
2002学年同比	+0.61%	+3.86%	+4.25%	+5.61%	+5.21%	+3.63%
2003学年同比	-0.09%	+3.06%	+3.28%	+4.87%	+8.44%	+1.95%

续表

学　　年	哈佛大学	耶鲁大学	华盛顿大学西雅图分校	加州大学伯克利分校	牛津大学	剑桥大学
2004 学年同比	− 0.13%	+ 0.00%	+ 2.88%	+ 1.00%	+ 8.96%	+ 2.56%
2005 学年同比	+ 0.96%	− 1.00%	+ 2.08%	+ 2.24%	+ 5.89%	− 5.13%
2006 学年同比	+ 3.59%	− 0.17%	− 1.51%	− 0.10%	+ 13.70%	+ 2.95%
2007 学年同比	+ 0.35%	+ 0.73%	+ 0.82%	+ 3.04%	+ 2.71%	− 4.30%
2008 学年同比	+ 25.29%	+ 25.13%	+ 3.83%	− 0.05%	+ 6.87%	− 6.66%
2009 学年同比	+ 6.45%	+ 4.00%	+ 1.95%	+ 11.13%	+ 7.41%	+ 7.14%
2010 学年同比	+ 0.03%	+ 0.03%	+ 6.01%	+ 0.86%	+ 7.19%	+ 14.56%

注：美国大学研究生人数不含第一专业学位（First – professional degree）。

数据来源：美国中学后教育数据整合系统（IPEDS）；牛津大学数据来源于 http：//www. ox. ac. uk/ gazette/statisticalinformation/studentnumberssupplements/；剑桥大学数据来源于 http：//www. admin. cam. ac. uk/offices/planning/sso/studentnumbers/201011. pdf.

英国的研究生类型包括授课型硕士和研究型硕士。总体上，在金融危机发生之后，牛津大学和剑桥大学的研究生人数均有上升，尤其是在 2010 学年，剑桥大学的研究生人数上涨幅度达到 2001 学年以来的最高，而牛津大学的涨幅则维持在 2009 年的水平，为 7%。

第四节　对学生就业的影响

自 2008 年 10 月起，许多公司开始大幅裁员，仅一周的时间，雅虎宣布裁员 1 500 人，默克集团 7 200 人，国家城市银行 400 人。2008 年，金融危机在美国已经造成 260 万人失业。[152]

危机的爆发严重影响了毕业生的就业前景。美国劳工部的一组数据显示，危机对年轻人就业的影响更大。一项针对 250 家英国公司的调查显示，2009 年招收应届毕业生的岗位大约减少了 5%，平均工资下降了 8%（见图 19）。许多雇主建议毕业生留出一个间隔年。[153] 根据英国就职咨询公司 High Fliers Research 的报告，2013 年前 100 家毕业生雇主提供的就业岗位仍比金融危机前低9%，同样工作的薪酬水平也普遍比危机前下降了12%。[154]加州大学洛杉矶分校的经济学教授韦希特尔（Till Marco von Wachter）认为这些年轻人通常需要10~15年才能从经济危机中缓和过来。[155]由于工作机会减少，毕业生的就业结构也发生了"周期性下降"，也就是说，高学历的毕业生不得不接受技术含量较低的工作。当然，这也使得没有大学学历的年轻人在劳动力市场的竞争力进一步削弱。

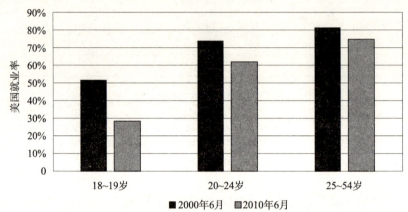

图19　美国就业率（2000年6月与2010年6月）

数据来源：Center for Labour Markets Studies；U. S. Bureau of Labor Statistics.

第五节　对国际学生的影响

从全球来看，金融危机后国际学生的数量仍在上涨，从2000年的170万人增加到2009年的300万人，到2013年，出国接受高等教育的人数已接近450万。最大的留学生输出国家是中国、印度和韩国，2011年这3个国家的留学生人数分别为72.3万，22.3万和13.9万。作为全球最大的留学国市场，美国是20%留学生的选择，此外，大约一半的留学生选择欧盟各国家。

虽然大多数欧美国家都对国际学生收取高于本国学生的学费，且英美两国还收紧了留学生移民的政策，但留学生人数并未减少。例如，表39显示耶鲁

大学国际学生的比例保持了稳中有增的趋势。造成这一现象的原因可能有：与
1997～1998年亚洲金融危机不同，此次金融危机对留学生输出国，如中国，
影响相对较弱；欧美国家世界一流大学的影响力并没有在危机中被削弱，仍然
对世界各地的学生有较大吸引力。

表39　耶鲁大学国际学生比例

学　　年	国际学生比例/%
2006～2007	15
2007～2008	16
2008～2009	16
2009～2010	17
2010～2011	17
2011～2012	17
2012～2013	18

第六节　本章小结

这一章对金融危机发生前后6所学校的学费水平、资助水平和学生数量全
面进行了考察。面对不断削减的州政府拨款，加州大学自金融危机发生后连续
4年以较大幅度上调本国学生尤其是本科生的学费水平。哈佛大学和耶鲁大学
虽然按照往年的涨幅上调了学费，但同时也大幅增加了助学金的投放力度，让
学生享受到较大程度的"学费折扣"，以保障贫困学生的入学机会。而英国的
牛津大学和剑桥大学由于受到法律约束，不能在金融危机发生后即刻上调学
费，但均已确定自2012学年起将学费调高至9 000英镑，以此应对政府削减
高等教育经费造成的财政危机。国际学生在英国接受本科教育的平均学费是
11 289英镑，比欧盟学生高出1/3；授课型研究生的平均学费为11 600英镑，
几乎是欧盟学生的两倍。

高等教育的经济产出不明显，因此各国政府通常会在财政困难时削减高等
教育经费。历次经济衰退几乎都导致了政府收入的减少，有的还伴随着通货膨
胀，而政府收入减少通常意味着政府需要缩减开支，尤其是削减部分公共服务

经费。历史经验表明，每当政府需要削减公共服务经费时，高等教育通常最先受到影响。美国遭遇的多次经济危机，如20世纪80年代国外竞争的加剧导致其经济衰退，20世纪90年代由于"冷战"结束国防开支减少而出现的经济衰退，新世纪以来互联网泡沫破灭造成经济崩溃以及前不久的金融危机，都导致了政府对高等教育投入的降低。[138]面对20世纪70年代以来因石油危机造成的财政困难，时任首相撒切尔夫人（Margaret Thatcher）将1980～1984年的高等教育经费削减了8.5%。为应对此次金融危机造成的财政赤字，英国政府决定将2014年高等教育预算削减25%。面对财政困境，各大学通常会为了弥补办学经费的不足而大幅上调学费。在此次加州政府削减了对高等教育拨款之后，加州大学伯克利分校大幅上涨了本科生的学费，尤其是本国学生的学费。原因有二：一是本科生中本国学生所缴纳的学费其实是相当于在享受了州政府拨款（即所谓的学生人均拨款）补贴之后的折扣价；二是基于受益者分担教育成本的原则，大学将办学成本由政府转嫁到受益者身上，即学生。而事实上，高等教育市场作为一个与众不同的市场，其最大的特征就是：学校收取远低于学生人均培养成本的学费。这与高等教育机构拥有大量可支配的来自私人和政府的补贴有关。而一旦这种平衡被打破，除非大学有更好的收入渠道，否则势必导致大学提高学费水平。

对这6所大学资助水平的研究表明，资助水平亦随着学费的上涨而提高。对公立大学和英国的大学来说，政府充当了较为关键的角色。在美国，联邦政府通过提高联邦助学金额度以及扩大资助范围来减轻公立大学大幅上涨学费造成的不良影响。在英国，教育部门及时上调了政府助学金的最高额度并降低了申请门槛，间接地扩大了资助范围。牛津大学和剑桥大学亦大幅提高了校助学金的资助额度，而且是在学费还未大幅上涨至9 000英镑的情况下。而美国的私立大学则充分发挥了主观能动性，主动提高了奖助学金的资助力度。哈佛大学和耶鲁大学都减少了助学贷款的发放比例，增加了校助学金的投放名额并大幅提高资助额度，充分体现了世界一流大学以学生为本的情怀。

这也侧面反映了美国公立大学逐步向"高学费/高资助"价格模型转变的趋势，即通过提高学费并同时加大贫困生的资助力度以达到高收入家庭多分担高等教育办学成本、低收入家庭少分担办学成本的目的。事实表明，一些州政府已经放弃了传统的低学费承诺，也转向了"高学费/高资助"价格模型，即把对高等教育的资助从依靠州政府拨款改成对大学和贫困学生的资助。此方案在很大程度上是州政府为财政压力所迫而做出的改革。这一方案的支持者认为，原本的低学费政策是对高等教育既无效果又无效率的资助方法。此次金融危机是否促使加州政府转向此价格模型还有待考察，但已有发现可以表明此次金融危机加快了加州政府转型的步伐。至于学费的上涨幅度是否处于合理范围之内亦有待研究。

牛津大学校长亦呼吁，英国政府在将学费提高至 9 000 英镑的同时更应完善资助体系以保证优秀但经济条件欠佳的学生的入学机会。综上所述，资助水平随学费上涨而提高是必然的。在此情况下，由学校提供的资助更具有学费折扣的功能，而少了一些作为投资的支出功能。

最后，本章还考察了这 6 所学校在校本科生和研究生的数量。研究发现，本科生数量均保持稳定，但是研究生数量在金融危机发生后显著增加。尤其是哈佛大学和耶鲁大学在金融危机爆发之时，研究生数量均较前一年同比上涨近 1/4。其余 4 所学校在随后的 2009、2010 学年也都有上涨。在英国，非欧盟学生数量从 2007 学年的 23 万人增加至 2011 学年的 30 万人。

金融危机造成的经济萧条、失业率上升会促使人们重回校园，避开就业低谷。相关数据表明，金融危机后美国国内 20 岁以上人员（20⁺）的就业率持续下降，2009 年 8 月就业率仅为 60.9%。[156] 英国国家统计局（Office for National Statistics，ONS）公布的数据显示，金融危机造成英国国内失业率持续上升，截至 2011 年，失业率已达到 17 年来最高点。其中，16~24 周岁的无业人员数量达到 99 万，失业率高达 21.3%。[157] 就业环境恶劣、失业率上升也许是造成研究生数量增加的原因，这也体现了教育发展反经济周期的规律。

第七章 金融危机对世界一流大学信用评级的影响及大学的应对

第一节 信用评级的意义和方法

根据路透金融词典的解释，信用评级是关于信用风险的观点，包括对发行人长期债务和短期债务的评级。这些评级反映债务人的信用程度，包括其偿还金融债务的能力和意愿。[158]国际上主要的信用评级机构有穆迪、标准普尔和惠誉三家。根据数据的可获得性，本章的分析采用穆迪的评级报告。穆迪对长期债务的评级有九大类，如表40所示。

表40 穆迪长期债务评级分类

	级 别	评 定
投资级别	Aaa 级	优等
	Aa 级（Aa1，Aa2，Aa3）	高级
	A 级（A1，A2，A3）	中上级
	Baa 级（Baa1，Baa2，Baa3）	中级
投机级别	Ba 级（Ba1，Ba2，Ba2）	具有投机性质的因素
	B 级（B1，B2，B3）	缺少理想投资的品质
	Caa 级（Caa1，Caa2，Caa3）	劣质债券
	Ca 级	高度投机性
	C 级	最低等级评级

资料来源：百度百科。

各级别的含义分别如下：

Aaa 级：债券发行人信用质量最高，信用风险最低。利息支付有充足保证，本金安全。为还本付息提供保证的因素即使变化，也是可预见的。发行地位稳固。

Aa 级：信用质量很高，有较低的信用风险。本金利息安全。但利润保证不如 Aaa 级债券充足，为还本付息提供保证的因素波动比 Aaa 级债券大。

A 级：投资品质优良。本金利息安全，但有可能在未来某个时候还本付息的能力会下降。

Baa 级：保证程度一般。利息支付和本金安全现在有保证，但在相当长远的一段时间内具有不可靠性。缺乏优良的投资品质。

Ba 级：不能保证将来的良好状况。还本付息的保证有限，一旦经济情况发生变化，还本付息能力将减弱。具有不稳定的特征。

B 级：还本付息，或长期内履行合同中其他条款的保证力度极小。

Caa 级：有可能违约，或现在就存在危及本息安全的因素。

Ca 级：经常违约，或有其他明显的缺点。

C 级：前途无望，不能用来做真正的投资。

从债务人的角度来看，等级越高，举债成本越低，被降级则借债成本提高，这往往意味着借债能力降低，会对大学产生较大的负面影响。许多评级为 A 和 Baa 的私立大学处境并不好。它们的规模通常小于顶尖大学，录取率在 50% 左右，约有 30% 或更少的学生最终毕业。它们的收入来源相对单一，有 2/3 的运营收入来自学生，经济下滑或贷款减少造成的学生支付能力下降会给这些大学的收入带来非常不利的影响。保持健康的现金流对这两个级别的学校特别重要，因为宏观经济环境和资本市场的波动可能会削弱它们的市场地位，充足的现金流无疑是对这些潜在风险的良好缓冲。

穆迪评级展望（Outlooks）是评级在中期的走势，主要有 4 个类别：正面、负面、稳定和发展（Moody's Investors Service，2009）。自 2009 年以来，除了一些领先的研究型大学展望较为稳定外，穆迪将大部分学校的展望调整为负面。2012 年，穆迪下调了 22 所大学的信用评级，仅上调了 8 所大学的信用评级。[159] 到了 2013 年年初，穆迪更是将美国高等教育整个行业的展望调整为负面。

与世界大学学术排名不同，穆迪主要考察在公开市场上发行债务的高等院校的资产负债表、债务结构与流动性、市场准入和管理与治理行动 4 个方面。

一、资产负债表的变化

由于永续型基金投资损失严重，大部分高等教育机构都面临净资产下降的窘境。世界一流大学的永续型基金较多地投资于私募股权和私募基金，永续型基金高达30%的缩水对过去二十多年来的资产配置和杠杆设置的合理性提出了质疑。资产价值下降幅度之大超出预期，反映出这些大学对流动性的重视程度不够。资金实力雄厚的大学能够通过调节及时应对这些损失带来的影响，然而对其他一些学校来说风险还是较高的，因为它们的治理结构不够完善，没有足够的专业人员和资源来管理投资。

二、债务结构与流动性压力

一些机构还采用了一种特殊的长期债券形式——可变利率需求债券（Variable Rate Demand Bonds，VRDB）来为一些资本项目融资。VRDB在资本市场交易活跃，其利率按周期（日或周）重新设定。除了不断变化的利率，债券持有人还有权把债券"返还"给发行人（当日或7天通知）。VRDB主要有两种风险。首先，如果市场上没有买者愿意购买某机构的VRDB，该机构就不得不自己买下其债券，且常常需要为此投保。其次，每天设定的利率取决于市场对此机构债券的需求，而需求又取决于很多因素，包括机构的信用等级和投资者的信心等。危机发生后VRDB的利率迅速上升，有的甚至高达12%，引发了债券服务支出的大量增加。而到了危机衰退时期，虽然一些高等教育机构成功地将浮动利率债券转为固定利率债券，但它们发行债券的融资能力已被大大削弱。[160]

如果大学发行的债务中有不低于50%是可变利率债务，就会对流动性造成很大的挑战。金融危机后投资者信心下降以及银行间同业拆借利率上升，都使得债务结构对流动性的影响日益增加。可变利率债务比例越高，不能续期或大幅增加费用的可能性就越高，这些学校可能需要回到债券市场上以固定利率再次融资。相比较而言，世界一流大学更容易通过可接受的固定利率发行债券，而实力较弱的学校则面临更大压力。如果某所大学可变利率债务项目规模较大且仅由一家机构提供，其面临的流动性风险就会上升。许多学校通过衍生品，如利率互换协议等，来对冲可变利率债的风险，这也会导致流动性不足。一些学校的掉期协议价值曾大幅下跌，致使其拿出大量现金抵押。评级较高的大学在面对流动性不足时，会到税收成本较高的市场进行债务融资。对此项策略的评估取决于所借资金的短期用途。一些大学通过流动性较高的投资方式保有这些资金，另一些则会在近期内支出这些现金。

实际上，对高等教育机构来说，通过借款来支付资本项目缺口的成本要比从永续型基金中提取支出的成本更低。利用低成本的借款来实现资本扩张而不是将潜在的高收益投资变现，对大学来说更加有益。

三、市场准入

在金融危机之前，大部分美国高等教育机构都有免税的资格，这也是它们游说资助的优势之一。然而金融危机发生后，评级较差的学校进入债券市场进行融资越发艰难。高等教育机构在决定是否通过债务融资时，应平衡未来资金的需求和进入债券市场的成本，并选择适合其资本结构和财务目标的利率水平。

四、管理与治理行动

大学的资金管理团队和托管委员会在应对财政问题时若能及时采取有效措施就能在很大程度上避免形势进一步恶化。面对市场挑战，大学需要高效而迅速的决策来避免学校声誉和地位下降，而滞后的管理则会使学校面临的问题更加严峻。此次危机告诉我们，学校应改善信息披露制度，特别是向投资者和债权人提供有关投资、流动性方面的充分信息。事实证明，认真做好信息公开的学校更容易获得市场准入，从而开展低成本的债务融资。

第二节　金融危机对世界一流大学信用评级的影响

总体来说，这几所世界一流大学的信誉评级并没有受到金融危机的严重影响，这得益于它们完善的治理模式和危机应对措施。美国顶尖的私立大学在资金筹措和运用上较为独立自主，因而维持了高水平的信誉评级，展望级别均为稳定。相比之下，美国公立大学则因政府补助大量缩减等原因而面临降级风险，展望级别从稳定调整到负面（见表 41）。由于牛津大学没有公开发行债券，因此无相关评级。以下将对其余 5 所世界一流大学在金融危机时期的信用评级分别做出讨论。

表 41　6 所大学的穆迪信誉评级和穆迪评级展望

大学名称	穆迪信誉评级（时间）	穆迪评级展望
哈佛大学	Aaa（2010）	稳定
耶鲁大学	Aaa（2010）	稳定
加州大学	Aa1（2013）	负面
华盛顿大学	Aaa（2012）	负面
牛津大学	无	无
剑桥大学	Aaa（2012）	稳定

资料来源：笔者根据收集资料整理。

一、金融危机对哈佛大学信用评级的影响

基于哈佛大学在市场势力、运营表现、资产负债情况等方面的稳健表现，穆迪公司将哈佛大学的评级维持在 Aaa 级，展望级别为稳定。[161]

哈佛大学在资金融通方面的优势明显。首先，哈佛大学拥有的财政资金居全世界大学之首，2010 财年为 302 亿美元。根据穆迪的模型，2008～2010 财年，哈佛大学的平均运营利润率为 18.6%。其中，2010 年的运营利润率是 19%，营运现金流高达 31%。资本支出比例（现金支出与年折旧额之比）从 2007 财年的将近 3 倍下降至 2010 财年的 1.5 倍。

其次，收入来源多元化。金融危机期间，哈佛大学的永续型基金损失严重，但根据穆迪计算出的哈佛大学主要收入来源——投资收入（42%）、补助与合同（15%）、学费和附属收入（10%）及私人捐赠（17%）以及哈佛大学管理层对当下支出的关注，穆迪预期哈佛大学将保持正的营运利润。在 2010 财年，哈佛大学总共获得了 264 项高达 1.9 亿美元的美国再投资与恢复法案奖项。同年，科研收入达到 7.77 亿美元。哈佛大学接受的私人捐赠规模几乎一直排在美国大学的首位，2008～2010 年平均捐赠额为 5.27 亿美元。

再者，哈佛大学拥有大量的流动资产和专业的管理团队，保证了资金的公平和有效利用。哈佛大学一直专注于资金的流动性，并建立了一个新的委员会

协助评估哈佛大学和哈佛管理公司的风险。穆迪的报告称，哈佛大学永续型基金和资金的流动性在金融危机后都得到了很好的增强，有能力为支出和债务提供缓冲。哈佛大学在 2010 财年为穆迪公司提供的数据显示，90 亿美元无限制现金和投资可以在一个月左右的时间内清算，这包括大量的机构证券、国债和基金投资，由此产生的流动性可以满足 954 天的现金使用。除了自有流动性之外，哈佛大学还有来自 22 家不同机构、高达 20 亿美元的信用透支，这又提供了额外的流动性。

哈佛大学内部充足的流动性和良好的财政管理，使其在短期评级中得到了最高的 P－1 和 VMIG1。截至 2010 年 9 月 30 日，哈佛大学共拥有超过 36 亿美元的日流动性折现。该校还拥有能在一周内变现的近 22 亿美元的可售证券。与每日 1.31 亿美元的可变利率债券和每周 5.02 亿美元的可变利率债务相比，这样的流动性是充足的。除可变利率债务之外，哈佛还拥有 10 亿美元免税的商业票据和 20 亿美元应纳税的商业票据。哈佛大学制定了一项明确的规定，任何一个商业工作日不能有超过 2.5 亿美元的商业票据到期，而且一个日历周之内不能有超过 5 亿美元的商业票据到期。虽然商业票据的最高额度为 30 亿美元，在 2010 年 9 月 30 日只有 6.33 亿美元是尚未支付的，且预期未支付票据将进一步减少。

此外，作为全世界最负盛名的大学之一，哈佛大学每年都会收到本科生、研究生和各种专业培训项目的大量申请，足以保证其录取人数的稳定。哈佛大学已实施了一项新的奖学金计划，家庭收入在某一范围内的学生将无须偿还贷款，家庭年收入在 18 万美元以下的学生也将获得更多的资助。穆迪认为这些政策将在学生选拔方面给予哈佛大学更多积极的影响。

二、金融危机对耶鲁大学信用评级的影响

同为美国顶尖私立大学的耶鲁大学在金融危机之后保持了 Aaa 级的信誉评级，反映出其在全球教育和科研机构中的领先地位。耶鲁大学也在多方面具有明显优势：良好的资产负债表——可支配资源在 2012 财年达到 165 亿美元，是其债务的 3.7 倍、运营支出的 5.9 倍；大量而广泛的运营项目避免了收入的单一性；内部流动性、银行资产和优秀的财富管理足以满足未来可变利率债券和商业票据的需求。

但与此同时，耶鲁也面临着以下挑战：运营支出过于依赖投资收入，2012财年有35%的营运支出来自于投资收入；尽管开展了节省成本的计划，但是在连续两个财年中支出都超过了收入，而持续的运营赤字可能会给展望级别带来负面影响。

三、金融危机对剑桥大学信用评级的影响

与以上两所美国顶尖私立大学相似，剑桥大学在金融危机后的穆迪信誉评级中也保持了 Aaa 级。已有 800 年历史的剑桥大学在全球教育和科研机构中的市场地位非同一般，它广泛地吸引来世界顶尖的学生和杰出的教职工，拥有自己的出版和评估业务，并从国内外不同渠道筹集到了大量的科研经费。剑桥大学的收入来源多元且稳定，一直有小规模的运营资金盈余，充足的现金流也让该校有能力资助资本项目而无须借款。其杠杆比率的设定较为适中，虽然学校内部授权不超过 3.5 亿英镑的借款，但在 2012 财年之前剑桥大学几乎没有外债。预期这些潜在的借款将被投资于科研设备、住宿等资产，比如近期剑桥大学考虑的最大一笔投资是对剑桥西北部的开发，包括建设 1 500 所科研人员住房和 10 万平方米的研究基地。

穆迪注意到，剑桥大学的治理和管理都非常成熟，任何重大决定都有透明的批准程序和清晰的决策，每周发布的剑桥大学报告详细记载了学校的各项事务。[162] 穆迪对剑桥大学的评级还考虑到英格兰高等教育资助委员会对英国学校的各种规定。与其他学校相比，剑桥大学对政府资助的依赖有限，其在英国大学的领军地位和对英国经济的重要性使其获得了稳定的展望级别。

四、金融危机对加州大学信用评级的影响

由于缺乏穆迪对加州大学伯克利分校的评级信息，本研究试图通过穆迪对加州大学债券的评级来分析该校的总体财务状况。[163]

2012 财年加州大学的总收入超过了 228 亿美元。作为全美最大的教育、科研和临床医学机构，这所公立大学的国际声誉吸引了众多学生申请进入该校就读，也吸引了大量的私人捐赠。数量庞大的生源使加州大学得以通过大幅提高州内外学生的学费来弥补政府开支的削减。加州大学的收入来源广泛，且没有任何单项收入来源超过总收入的 30%。该校不断调整信贷协定，资产组合

中有充足的流动性，短期证券和结构良好的内部程序支持最高级别的短期评级。金融危机后，加州大学坚实的治理和管理结构证明其有意愿也有能力计划并调整运营措施来适应新环境。

　　加州大学面临的挑战也不容忽视。一方面，收入来源紧缩。根据穆迪的计算，加州大学年均支出的增长超过年均收入的增长，已连续5年出现运营赤字。除了州政府拨款大量缩减外，中央政府的科研资助和一部分来源于建设美国债券（Build American Bonds）的利息收入也在减少。根据加州政府2014财年的财政预算，加州州长建议加州大学在2014年不要增加学费，使惠及41%的加州大学学生的联邦助学金最迟在2014年得到保障。另一方面，支出压力增加。虽然加州大学正在实施一项旨在提高效率的计划，有关报酬方面的支出（包括退休金以及其他雇员福利）和债务支出仍会上涨，不断增加的养老金和其他雇员福利已经超过了其净资产。

　　大量的资金需求很可能导致未来加州大学提高杠杆比率。数据显示，加州大学未偿付的直接债务已从2006财年的83亿美元上升到2013年年初的177亿美元。加州大学约有30%的运营收入来自于医疗部门，而医疗部门近年来的运营表现波动较大，对各项规制和政府补贴变化的敏感性增加。加州医疗产业压力的提升，包括工会和外部科研资助的不确定性，都使得其贷款难上加难。加州大学5个医疗中心的利润在2012财年都有所下降，来自医疗中心的总收入下降了54%。

　　总体来说，加州大学债券的负面展望反映了来自运营、退休金和其他雇员福利增加的压力以及债务增加导致可用金融资源的减少。此外，多渠道的收入面临着压力。州政府的拨款已缩减到该校运营收入的10%以下，而且州政府希望加州大学不要继续增加学费。虽然联邦助学金至少在2014年得到保证，其他来自联邦政府的收入仍可能被压缩。是否能解除负面展望取决于加州大学能否逐渐取得净收入，并有足够的财政资金支持债务和运营。如果运营表现如预期一样得到改善，养老金和其他员工福利基金得到增加，财务资源稳定，与债务相关的杠杆比率加强，穆迪的展望级别可能会回到稳定。但如果加州大学未能改善与债务相关的可利用财政资源或运营表现平平，债务增加超过预期，外部新出现的对增加收入的限制，医疗中心运营的进一步恶化，流动性大幅减少等都可能导致评级进一步下降。

五、金融危机对华盛顿大学信用评级的影响

2011 年 8 月，穆迪确定了美国政府 Aaa 的级别并把展望级别由稳定调整为负面，随后华盛顿大学的信誉评级被确定为 Aaa 级，展望级别稳定。[164] 华盛顿大学是全美公立大学中的佼佼者，是西雅图地区最大的两家医疗服务提供者之一，是美国西北部地区唯一的医学科研机构。它拥有良好的资产负债表、多元化的收入来源和稳健的运营表现。其面临的挑战主要是日益增加的医疗运营压力、债务水平以及对中央科研资助的依赖。稳定的展望级别反映出华盛顿大学持续增长的科研实力、坚定的学生需求、丰厚的捐赠收入和可控的债务计划。

2011 财年华盛顿大学 35% 的收入来源于联邦政府的资助，包括 11 亿美元的科研基金（占科研资助的 83%）和 4.85 亿美元的医疗服务基金（占病人服务收入的 38%）。随着对两所社区医院的并购，医疗服务所占比例继续增加且占比显著，2011 财年病人护理的收入占全部收入的 29%，预计并购后病人护理的收入有可能达到总收入的 40% 左右。华盛顿大学不仅负责管理拥有 450 个床位的华盛顿大学医疗中心，还管理着有 413 个床位的港景医疗中心（Harborview Medical Center）。

由于华盛顿大学近年来的投资策略创新，债务大量增长，2006 财年债务为 8.84 亿美元，2010 年的债务已增至 18 亿美元。该校随后实行庞大的债务扩张计划，2012 年 3 月和 6 月分别发行 3 亿美元和 1.68 亿美元新债，2013 年 1 月再度发行 1.7 亿美元新债。州政府的资助总额从 2009 财年的 4.02 亿美元缩减到 2012 财年的 2.12 亿美元，降幅接近一半。幸而，政府资助占学校总收入的比例并不太高，2010 财年为 10% 且之后逐年下降，也不至于给学校带来过大的压力。不过，考虑到金融危机造成了联邦政府预算减少的黯淡前景，学校还是设置了一系列应急计划，包括减少资助、收回部分租赁区域、从学校的基金中划拨非终身职位和终身职位教职工的工资款项等。

第三节　大学为改善或维持信用评级的应对策略

为了尽快从金融危机的阴影中走出，高等教育机构纷纷采取不同的措施以稳定学校的发展。针对永续型基金投资损失的应对策略已在前面章节详述，下面主要从债务结构、资金流动性和校内外交流 3 方面考察大学的应对方法。

金融危机发生后，许多大学都积极地重新评估自身的债务结构，在起草或修改债务政策声明的同时，也重新确定了杠杆和流动性管理的政策。大多数高等教育的长期债券都以固定利率发行，这通常会高于浮动利率，两者之间的差异在利率较低时更为明显。固定利率最大的优点就是使机构可以更准确地预测和管理它们的债务成本。虽然机构会为此支付更高的利息，但也因此回避了短期的不确定性。而由于利率的上升，一些原计划通过免税债券（Tax - exempt Bonds）借款的学校可能撤销或推迟债券的发行。

世界一流大学加强资金流动性的措施主要包括：重新评估所有的资本计划和运营预算；重组债务结构，由可变利率转为固定利率；用较好交易方的信用证替代较差交易方的信用证；选择多个而不是一个交易方；修改备用债券购买协议，这样即使保证人有信用问题也不需要重新行销；停止利率互换协议；将一些长期投资变现（即便可能贬值）来满足近期内流动性的需求；重新对资产配置和长期投资的回报率进行评估；重视同地方银行的合作以满足自身对运营资本的需求。

一所大学的形象会对该校未来的生源和筹资产生影响，而大学的领导者在维护校园形象中扮演着非常重要的角色。在金融危机给大学带来不利影响的情况下，及时、深刻、透明地向教职工、学生及校友传达学校的应对措施，将有利于稳定他们对学校发展的信心。许多高校都采用各种方式传达信息，包括校长信、常见问题、委员会会议以及邀请经济学教授参与的研讨会等。在评估不同学校的沟通交流方式后，NACUBO 在以下 4 个方面给出了建议。①分清角色和责任：确定专人向学校不同的利益相关方传达信息。②局部沟通：并非所有事情都要通知到每一个人，要分清谁对谁传达信息，同时控制好信息的内容。③密切关注回应：及时收集整理听众对信息的反馈，并从中推测可能涉及的其他信息。④应用科技：了解人们如何使用科技并据此应用不同的科技交流手段——对教职工可通过邮件，对学生可通过短信，而对校友和捐赠者可通过纸质信函。

第四节　本章小结

这一章对 6 所学校的信用评级和展望级别进行了全面考察，重点研究了在严峻的经济形势下世界一流大学如何保持高信用评级。首先，良好的教学与科研水平不仅使这些大学持续吸引优秀的生源，还可以吸引到政府以外的科研资金。其次，得益于良好的财务管理，世界一流大学的运营收入和债务比例普遍得到有效控制，既能满足日常管理的流动性需求，又可以获得长期投资收益。相比之下，其他学校可能因为过度依赖某一方面的收入而出现收入大幅减少或债务增多的情况，或由于在高等教育市场地位弱化而导致融资成本增加，更不利于其综合评级的维持与上升。在应对方面，大学要重新对它们的资产和债务进行合理评估，使收入来源多样化，并重视同校内外利益相关者的沟通。

第八章　金融危机对英美以外地区高等教育的影响及其应对

在历次经济危机中，亚洲的高等教育机构一般都成为政府削减开支的牺牲品，但在 2008 年的金融危机中，这一情况有所改观。全球化已然改变了亚洲地区高等教育机构的角色。高等教育的普及、家庭收入的提高、政府对知识经济的重视、人力资本发展的需求和远程教育及营利性教育可获得性的增加，都使得亚洲高等教育迅速发展。[165] 根据亚洲开发银行的预测[166]，2013 年亚洲高等教育入学率会翻一番。金融危机发生后，面对改善落后地区的知识转移，提高年轻人在就业市场的竞争力，鼓励家庭增加对高等教育的投资等诸多挑战，亚洲国家较少选择削减开支，更多的是加强对大学的重建与改造。

一份联合国教科文组织的报告显示（UNESCO，2009），金融危机对亚洲高等教育的影响并不像美国那样严重。亚洲国家普遍认识到高等教育对经济发展的重要作用，各国政府都增加了对高等教育的投资。政府部门吸取 20 世纪 90 年代亚洲金融危机的经验和教训，此次危机下的财政政策和政府预算都得到了较好的处理。此外，由于许多亚洲国家都有在本国建设世界一流大学的决心，所以在危机时期，相关的科研经费仍维持在较高水平。

第一节　金融危机对香港地区高等教育的影响

作为世界的金融中心之一，香港不免受到金融危机的较大冲击，股市大幅下跌，政府收入减少。然而危机的影响在 2009 年下半年开始减弱，香港特区政府不仅没有降低对教育的投入力度，还进行了一系列新的教育投资。

高等教育是将香港打造成区域教育中心、提升其区域竞争力的关键驱动力。金融危机爆发后，香港特区政府注资 180 亿港元成立专门基金鼓励大学和商业机构合作，通过研究基金委员会（Research Grants Council）、国际学者和当地的企业领导者共同评审投资可供校企合作的战略性议题。有学者认为，这将为学术型研究议程和投资目标设定新的基准。此项专业基金的建立还很好地回应了学术界的两项不满：一是与香港 GDP 相比较低的学术研究补贴；二是内地通过大幅提高科研资金赶超香港。

金融危机后香港特区政府对高等教育的投资并没有减少的一个重要原因是香港的三方预算体系。香港特区政府对高等教育机构的拨款要先通过大学拨款委员会（University Grants Committee）批准，这相当于在大学和政府之间设立了一个缓冲区。大学拨款委员会由社区成员、世界各地的机构和学者组成。该委员会有双重任务，既要反映高等教育机构的学术需求，又要为政府的资助政策提供建议。此项机制可以保护香港的大学免受金融市场和政策变化带来的波动。

总的来说，1998 年的亚洲金融危机和 2008 年的全球金融危机对香港的高等教育机构的影响不同。香港特区政府在近几年对教育投入的增加表明了其对教育的重视，把教育视为一个战略产业。

第二节 金融危机对日本高等教育的影响

虽然金融危机对日本经济造成了一定的影响，尤其是在出口方面，但是对其金融和财政体系并未造成较大影响。在日本的高等教育体系中，私立教育是主体，占比72.8%，而70%左右的公共科研经费被分配到公立大学。全球金融危机对日本高等教育的影响较小，主要表现在以下几点：私立学校的学费小幅上升，公立学校的学费没有变化；政府通过增发债券等方式，保证了对高等教育的公共投资；虽然 2008 学年教育和科技的预算减少，但到 2009 年经济开始复苏时，教育科技预算又有较大幅度的提升；2007～2009 年硕士生的就业率基本维持在75%左右，博士生的就业率从 2007 年的 60%上升到 2009 年的65%左右。

第三节　金融危机对韩国高等教育的影响

近些年来，韩国的高等教育一直不断扩大机构、学生和教职工的数量。自1990年以来，韩国高等教育的入学率逐年上升，在2008年达到峰值83.8%，尔后的2009年首次出现下降，为81.9%。在韩国，86.9%的高等教育机构是私立的，74.7%的学生就读于私立学校。韩国公立学校的主要财政来源是政府补贴以及社会捐赠和商业赞助，而私立学校的主要收入来源于学费，同时包含政府和教育基金会的支持。

金融危机导致韩国大学毕业生的失业率从2008年的3%上升到2009年的4.2%。在学生层面，大学生增加了找工作和出国留学方面的支出；在学校层面，高等教育机构不得不尽量降低学费的涨幅。为了应对金融危机的冲击，韩国政府在2009年4月提供了总计28.4万亿韩元的补充预算，其中5 000亿韩元用于高等教育领域。高等教育补贴中的很大部分被用来资助低收入家庭子女接受高等教育和为毕业生创造工作机会。除补充预算外，还有针对尚未找到工作的毕业生的支持计划，如学校聘用他们为实习助教。这项举措不仅较好地缓解了工作短缺的问题，还能帮助毕业生积累工作经验、提高他们的就业能力。

金融危机凸显了自20世纪90年代末开始的高等教育扩张引发的质量和资金结构等问题。为此，韩国政府也采取了诸如大学合并和财政拨款与绩效评估挂钩等措施。为了避免学校过度依赖学费收入，政府于2010年制定了学生贷款系统，学生可以全额贷款并在工作收入稳定且达到一定额度后再偿还。

第四节　金融危机对马来西亚高等教育的影响

截至2009年，90%的马来西亚高等教育机构的资金来源于政府，其余部分主要来源于学费。政府在高等教育方面的投资分为运营支出和发展支出两方面。金融危机期间，公共财政对高等教育的支出波动较大。2008年政府对高等教育的拨款下降了6.4%，剔除通胀因素后，下降幅度更是高达11.9%。然而在 2009 年，政府拨款增加了 47.8%，其中运营支出增长了 29.6%，发展支出上升高达 113%。发展支出大幅增加的原因之一是政府希望借此促进整体经济发展。2010 年，由于上一年财政赤字已达到国民生产总值的 7%，为过去 20 年来的最高点，政府决定全面减少支出，有关高等教育的支出同比减少了 7.7%。

金融危机期间，高等教育机构的入学率增加。与 2008 年相比，2010 年公立高等教育机构的入学率提高了 15.3%，私立高等教育机构的录取率提高了 9.2%。公立学校学生人数增幅大于私立学校的原因之一可能是公立学校的学费较低。

一项针对马来西亚 20 所公立高等教育机构的调查显示，金融危机对学费、学生数量和专业设置并没有直接影响。由于政府在 2010 年减少了对高等教育的支出，并且大部分学校预期这一支出在 2011 年会继续减少，大多数学校采取了节约开支和增加收入的措施。有大约 84% 的学校减少了差旅费，83.46% 的学校采取措施降低资源浪费。约有 47% 的学校暂停了基础设施发展计划，同样大约一半的学校削减了科研经费。公立大学中，45% 左右的学校大幅减少了学生活动的经费。另一项节省支出的重要措施就是减少员工招聘，其中，行政和教辅人员的减少要多于科研人员。57% 的受访学校表示他们减少了行政员工的招聘，52.6% 的学校表示他们减少了教辅人员的招聘，31% 的学校减少了临时性科研人员招聘。与此同时，教职工的出国培训项目也不可避免地减少了。

在马来西亚，因为对本科生收取的学费受到严格控制，提高本科生学费这一在其他国家普遍采用的方法，在马来西亚公立大学无法实施。因此，73% 的学校采取了提高研究生学费的方式以减少预算赤字。许多大学还开展了一些创新和创业活动，以期获得一定收入。还有 84% 的大学考虑将咨询服务作为一项收入来源。除此之外，分别有 68.4%、63.2% 和 36.8% 的学校将开展短期专业发展、继续教育项目和离岸项目作为增加收入的方法。

马来西亚高等教育部门在此次金融危机中受到的影响较小，但长期影响还有待考察。预算的削减意味着政府可能很难再提供与以前同样水平的资助。考虑到马来西亚的高等教育机构持续扩张的趋势，公立学校应当重新审视它们的预算并在支出方面更加谨慎。同时，公立学校需寻求其他方面的经费来源，与商业机构建立新的合作方式和将一些项目商业化是值得考虑的选择。

第五节　金融危机对菲律宾高等教育的影响

在菲律宾，88%的高等教育机构是私立的，只有12%为公立学校。在金融危机期间，有关教育的公共支出总量并没有减少，但是分配到高等教育的部分有所减少。考虑到菲律宾外出劳工的汇款对国家经济发展的重要性，培养更多高水平的劳动力对提高其国际市场竞争力很有必要，而这一目标的实现需要有足够多的资源投入到高等教育领域。

2006~2010年期间，菲律宾高等教育机构和项目数量有所增加，单从这一指标看，金融危机对其高等教育的影响并不显著。然而更详细的调查显示，金融危机对高等教育在如下3个方面影响较大：国际学生数量，优先学科录取率和私立大学录取人数。与2005年相比，金融危机期间就读于菲律宾的国际学生数量有所减少，特别是来自中国和韩国等地的亚洲学生。由于国际学生向来支付高额学费，国际生源的减少会给学校的财务状况带来不小的影响。在学科方面，尽管商务、信息技术和贸易等学科录取的学生数量有所增加，但数学等自然科学专业录取的学生数量却降低了。此外，2008学年学生录取总数和上年相比也有所下降。一般来说，公立学校的学生获得各种国家补贴的机会较多，学生录取状况相对乐观，但私立学校的录取比例则有所下降。

第六节　金融危机后中国高等教育的应对

为引导和鼓励社会各界向高等学校捐赠，拓宽高等学校筹资渠道，进一步促进高等教育事业的发展，2009年10月，教育部和财政部联合下发关于印发《中央级普通高校捐赠收入财政配比资金管理暂行办法》的通知。通知中规定，中央财政设立的普通高校捐赠收入配比资金（以下简称配比资金）用于对接受社会捐赠的高校实行奖励补助。例如，在2009年北京大学通过北京大学教育基金会募集资金3.8亿元，通过配比基金，北京大学从教育部得到1.4

亿元资金。在课程改革方面，重点在于提升本科生的教育质量，增强学生的创新性。由中外高校合作设立的孔子学院迅速扩张，需要大量中文教师，这也将缓解部分就业压力。

第七节　金融危机与丹麦的高等教育改革

由于经济危机对欧洲各国的影响不同，因此反映在不同国家高等教育系统的影响也不尽相同。一些国家，如挪威和法国，反而受益于危机初期政府采取的一系列刺激措施。这些欧洲国家受危机影响的时间也不尽相同。一些国家早在 2009 年年初就受到了危机的冲击，另一些国家受到影响则较晚，还有个别国家受到的直接影响十分有限。平均来看，欧洲大学 75% 的资金都来自政府支出。对公共财政较高的依赖性意味着政府资助政策的任何变化都可能给大学带来较大的影响。

世界一流大学应对金融危机的优势并不在于金融危机爆发时做出的应对，而是在危机爆发之前做出的改革。始于 2003 年的丹麦大学治理改革旨在增强大学制定战略决策的优先权和强化他们的自主权。2003 年 5 月通过的《大学法案》（the University Act）使丹麦大学的定位由政府机构转为在公共部门监管下的独立机构。设立自我治理机构旨在使大学和政府保持一定的距离，大学不再是公共部门等级的一部分，也不必服从科学、技术和创新部（Minister of Science and Innovation）的直接管理。《大学法案》规定委员会（the Board）是大学的最高权力机构，其职责是保证大学作为教育和研究机构的利益，为大学的组织、长期活动和发展提供指导。委员会有权批准大学的预算并任命、罢免校长。委员会的组成人员以外部人士为主，即和大学没有雇用关系的人；内部人员由选举产生，包括教职工和博士学生。在任何情况下，政府都不得干涉委员会的人员组成。校长负责学校的日常管理工作。值得一提的是，只有受认可的研究人员（Recognized Researchers）才有资格担任学校的管理人员。

高等教育部门的另一项重要改革是合并与重组。在 2007 年，25 所政府研究机构和 8 所大学合并后形成 8 所大学、3 所国家研究机构、1 所政府研究机构和肯尼迪中心。高等教育部门的结构重新调整后，可以把公共研究支出集中在有限的机构，并发挥大学和研究机构合并后的协同效应。在改革的同时，对高等教育的公共支出在 2003~2009 年逐年增加，从 2003 年的 167 亿丹麦克朗增加到 2009 年的 208 亿丹麦克朗。教育界人士曾认为合并与重组只适合于商业环境，丹麦的经验和金融危机后大学面临的挑战使这些高等教育机构重新考虑大学改革，包括合并的可能性。

2009 年一项针对丹麦高等教育部门改革的独立评估正式展开。评估报告指出，2003 年的《大学法案》增加了大学的自主权，为大学注入了新的活力，提高了丹麦大学的国际竞争力。报告建议应进一步放松对大学的管制。不过因为评估距 2007 年的大学与研究机构合并不足 3 年，报告并没有对合并的影响力给出统一评价。

第八节　本章小结

为了不使高等教育成为相对富裕的群体才能享受的特权，高等教育的补贴适当向贫困学生倾斜很有必要，同时要注意为这些学生提供关于课程设置和劳动力市场需求的相关信息，使他们可以学有所用。

在成本分摊方面，亚洲各国并不是简单地将教育经费从基础教育向高等教育转移，而是综合考虑现实状况和未来计划，在改革的同时创新学校的财务安排。公立学校有了更大的自主权，公立学校和私立学校联合培养项目增多，或更多地与国外学校联合办学等。总之，用合理的成本提供新的课程，既可保障高等教育的质量，又可使低收入群体有机会接受高等教育。[165]

第九章　金融危机对营利性
高校的影响及经验借鉴

　　本次全球经济危机的又一受害者，曾在《财富》世界 500 强中排名第二的通用汽车，于 2009 年 6 月正式申请破产保护。随后，通用汽车被标准普尔 500 指数除名。而耐人寻味的是，标准普尔此时选择了一家高等教育公司——在纳斯达克上市的、在美国运营着数所大学的 DeVry 公司，来代替通用汽车在该指数中的位置。这是否意味着，高等教育行业在本次经济危机中所受负面影响较小，甚至是受到了积极影响？本章将采用最新的实证数据，从上市营利性高等教育机构的视角来分析这一问题。

　　2007 年夏季，美国次级房屋信贷行业违约剧增引发了国际金融市场上的震荡、恐慌和危机。随着众多金融问题的暴露，这场危机已从金融领域扩散到实体经济领域，对多国的实体经济造成了实质性的重创。从企业财务上看，《财富》美国 500 强企业 2008 年利润较 2006 年大跌了 87%，是自《财富》编制 500 强列表的 55 年以来最大的降幅。[167] 从股市上看，美国标准普尔 500 指数（S&P 500）在 2007 年 10 月曾到达 1 561 点的高点，此后一年降幅都有限，2008 年 9 月中旬时仍处在 1 255 点。但随着 9 月雷曼兄弟破产以及之后一连串问题的暴露，该指数在短短 20 天之内就下降到 899 点，并在 2009 年 3 月下降到 13 年来的最低点 683 点；以通用汽车为例，其在 2007 年 10 月每股股价还在 42 美元以上，但到 2009 年 6 月时已降到 0.61 美元，最大降幅超过了 98%。从整体经济上看，根据世界银行的预测，全球 GDP 在长达 8 年的增长后，预计 2009 年会收缩 1.7%，其中高收入国家将收缩 2.9%，这是全球 GDP 在第二次世界大战以来的首度下降。[168] 众多国家政府纷纷出资救助濒危的金融和非金融企业，而一些国家自身也都陷入了破产危机。

　　毫无疑问，本次危机已对全球经济造成了重大影响，而与社会、就业、财政等因素紧密相连的高等教育，又会受到何种影响？不少研究人员都已对本次危机对高等教育已经造成的和可能造成的影响做出了分析和讨论[13,169,170,171,172]，但这些分析通常是建立在经验和推理之上，缺少实证数据及对现实状况分析。而虽然文献中也有一些实证研究，如海德堡大学的温道夫（Paul Windolf）对1870~1985年间5个国家的经济周期和高等教育扩张的关系的研究[173,174]，但都是对历史上经济危机的研究，缺少时效性和针对性。造成这种现象的主要原因，是时效统计数据的缺乏。

在国家层面上，一个国家的经济数据以及高等教育数据的发布，通常有1~2年的滞后，这意味要1~2年之后才有数据可用于分析本次经济危机对高等教育的影响。而在学校层面上，大多数学校的数据都是不公开的，获取这些数据非常困难。即使是欧美的部分学校会自愿或在法律法规的要求下公开财务和招生数据，这些数据也通常是以年报的形式发布，最新的2007~2008年度年报还是无法反映本次经济危机在2008年下半年和2009年年初这一时段对高等教育的影响——而如上所述这一时段正是到目前为止本次经济危机影响最为深刻的阶段。

而在证券市场上公开交易的营利性高等教育公司则提供了一个独特的视角，使得及时研究本次经济危机对高等教育的影响成为可能。作为上市企业，这些提供高等教育的公司与其他上市企业一样需要遵守一系列的规则，其中包括信息披露的要求：它们不仅需要发布年度报告，还需要在每季度之后发布季度报告，这就为研究提供了时效性；而报告中所披露的财务信息、招生信息和其他运营信息以及股票市场上公开的价格信息，则为研究提供了良好的数据基础。

美国的营利性大学在20世纪90年代之后快速发展，到目前为止已经出现了一大批拥有和运营高校的公司。这些公司以营利为目的提供高等教育服务，其中的很多企业已取得了较大的规模，并在证券交易所公开上市。营利性高校与非营利性高校（包括公立或私立）在运营和组织上都有一定区别，文献对这些区别进行了广泛和深入的分析。[175,176,177,178]总体来说，与非营利性高校相比较，营利性高校的特征有以下几点：以追求利润最大化为目标、公司化经营、实施规模办学以及注重发展远程教育和职业教育等。

第一节　研究方法和样本学校

从在美国上市的营利性高等教育机构中选出一些样本公司，研究这些公司在 2008 年 7 月前后，也就是经济危机显著影响实体经济之前以及之后两个阶段中招生、财务、运营以及股票价格的变化。前 3 个方面可以反映出这些高等教育公司在经济环境变化的情况下的经营状况，而股票价格则除了反映公司自身的经营状况外，还包含了在经济环境变化的情况下市场对公司前景的相对预期。前 3 个方面的数据均来自于这些高等教育公司提交给美国证券交易委员会的报告（SEC Filings），包括年度报告和季度报告等（最新的一期报告截至 2009 年 3 月 31 日，Apollo 公司是 2 月 28 日）以及每季度后召开的电话会议。这些报告和电话会议纪要均是公开资料，可以从美国证券交易委员会和各公司获得；而股票价格信息也是公开资料，本章的数据来自于 Google Finance。通过比较两个时间段中以上 4 个方面的变化，可以知晓高等教育公司在经济发生变化后的经营状况以及市场对于经济危机对高等教育公司造成影响的判断。

在 Google Finance 的股票分类中，"服务"类别下"学校"一类中共有 28 家在美国证券交易市场上市的公司。其中包括非高等教育阶段的公司，如提供初等和中等教育的 K12 Inc.、主要提供英语教育的新东方教育科技集团和主要提供考试和补习教育的 The Princeton Review, Inc. 等，本研究将只关注高等教育类公司。这 28 家公司当中也包括主要经营地点不在美国的公司，如主要在中国经营的新东方、弘成教育和 Chinacast Education 等。而因为世界各地受到本次经济危机的影响不一，为了避免地域因素的影响，本研究将主要关注在美国运营的高等教育企业。此外，还有一些新上市的公司，如在 2008 年年底和 2009 年年初才上市的 Grand Canyon Education, Inc. 和 Bridgepoint Education, Inc. 等，这些公司因为没有历史股价数据、财务状况随着上市而在此期间发生过重大变化等原因，也不适合作为研究对象。因此，本研究选取了主要在美国经营的、经营持续时间较长、市值最大的 4 家高等教育企业作为样本，见表 42。

表 42　4 家高等教育企业样本

公司	市值/亿美元（2009 年 6 月 17 日）	财报周期（起止日期）
Apollo Group，Inc.（简称 Apollo）	106.4	9 月 1 日～次年 8 月 31 日
ITT Educational Services，Inc.（简称 ITT）	36.5	1 月 1 日～12 月 31 日
DeVry Inc.（简称 DeVry）	35.5	7 月 1 日～次年 6 月 30 日
Strayer Education，Inc.（简称 Strayer）	29.2	1 月 1 日～12 月 31 日

这 4 家公司的财务报告年度周期并不一致，有些是以自然年度作为财务年度，有些则是以 6 月 1 日或 7 月 1 日作为财务年度的开始。此外，Apollo 公司的季度起止时间与其他公司的数据有一个自然月的差异。因为本研究主要比较同一家公司在不同年度（2008 年和 2009 年）的运营情况，所以不同公司间财务周期的差异不会给本研究带来影响。

第二节　学生人数的变化

对营利性高校而言，学生人数是最为重要的指标之一，因为它代表着学校的规模，也对学校的收入甚至正常运转有着决定性的影响。在研究经济危机对高校的影响时，对学生人数的影响无疑是最值得关注的。表 43 比较了在 2009 年、2008 年和 2007 年 4 家上市公司下属的最主要学校的学生人数以及较上一年度的增长率。

由表 43 可以看出，在本次危机对金融体系造成重大影响并进一步波及实体经济之后，4 所学校的在学人数均出现了快速增长：与上一年同期比较，平均增长超过 20%。并且这还是总在学人数的增长，经济危机后新录取的学生人数同比增长还要超过这一数据。而在 2008 年，也就是本次经济危机的影响尚未显现时，4 所学校的学生人数较 2007 年仅平均增长 10% 左右。也就是说，在发生经济危机后的这一年，4 所学校的学生人数不仅有所增加，而且增加速度大幅高于往年。

表43 4所学校的在学学生人数以及年增长率

公司 （下属大学）	2009年3月底 在学人数	2008年3月底 在学人数	2007年3月底 在学人数	较上一年变化 （2009/2008）
Apollo * （University of Phoenix）	397 700	330 200	298 400	+20.4%／+10.6%
DeVry （DeVry University）	53 259	44 814	40 637	+18.8%／+10.3%
ITT （ITT Technical Institute）	65 620	54 194	49 295	+21.0%／+9.9%
Strayer （Strayer University）	45 697	37 323	32 150	+22.4%／+16.0%

注：* Apollo公司的季度起始时间与其他公司不同，其两个比较时间分别是"2009年2月28日在学人数"和"2008年2月29日在学人数"。"在学学生人数"指的是在一定时间注册在学、还未毕业的学生人数，4家公司的统计口径有所不同。如Apollo的数据包括了副学士、学士、硕士以及博士课程学生，而DeVry仅包括本科阶段学生，研究生未纳入统计。由于本研究主要是进行同一公司内不同时间的比较，这种公司间的口径差异不会带来影响。

就一般高校而言，经济危机是怎样影响高校规模的呢？经济危机的基本特征是居民收入水平的降低和就业岗位的减少。文献指出，从这两个方面可以推断出两个完全相反的经济危机对高等教育规模影响的假设。一是收入的降低会使得家庭支付学费的能力降低，直接影响就读高等学校的人数。同时，为了增加家庭收入，一些家庭的子女需要推迟就学，先投入工作以补贴家庭收入，这也会降低对高等教育的需求。但另一方面，就业岗位的减少使得人们参与高等教育的机会成本降低，在无法获得满意的工作待遇的情况下，高中毕业生会选择获取高等教育以获取技能和推迟就业时间，而成人则会选择获取高等教育以增加自己的职场竞争力，这均会增加对高等教育的需求。而来自营利性高校的数据显然支持了第二种假设，或者说第二种假设的影响大大超过第一种假设，这也与温道夫的研究结果一致，即历史上经济下滑都没有对高等教育规模造成显著负面影响。[173,174]

经济危机对高等教育的另一影响，是政府拨款的减少。在美国，许多州政府都已缩减了给予高等教育的经费，使得一些州立高校和地方高校不得不限制招生以控制开支，一些高校甚至被关闭。而私立非营利性高校也面临着校产基金价值缩水带来的财政困难。非营利性高校对招生的限制反而会扩大营利性高校的生源。对营利性高校而言，由于其轻资产的特征以及公司化的管理体制，可以通过租借办学场地以及使用远程教育，在有市场需求时及时做出反应、迅速扩大招生规模。这也意味着，经济危机对不同类型的高校有着不同的影响和意义。

当然，学生人数的变化还受到其他因素的影响，如学校自身的经营状况。可是，在过去数年中，这 4 所学校的学生规模增长一直是保持稳定，年增长率均在 10% 左右。而在经济危机发生后，增长速度几乎是毫无征兆地迅速上升到 20%。根据这些公司自身的管理层分析，虽然公司的管理得到持续改善、也有新增投资以扩大规模，但 2008~2009 年的这一高速增长很大一部分要归功于当前的经济危机。实际上，从管理层的讨论以及管理层在前一年所做的预测中可以看出，这一增长速度是这些公司的管理者自身都没有预料到的。[179,180]

第三节　财务和运营的变化

表 44 比较了 4 家公司在两个时间段内总收入和净利润的数据。从表中可以看出，在整体经济受到影响之后的 9 个月中，4 家企业不论是总收入还是净利润均有了大幅增长。

表 44　4 所大学的财务状况

单位：万美元

公司	财务项目	2008 年 7 月 1 日至 2009 年 3 月 31 日	2007 年 7 月 1 日至 2008 年 3 月 31 日	变化
Apollo *	总收入	2 678 493	2 188 239	+22.4%
	净利润	535 274	379 396	+41.0%
DeVry	总收入	1 065 214	815 028	+30.6%
	净利润	128 581	100 966	+27.3%
ITT	总收入	822 105	683 206	+20.3%
	净利润	175 138	130 769	+33.0%

续表

公司	财务项目	2008年7月1日至 2009年3月31日	2007年7月1日至 2008年3月31日	变化
Strayer	总收入	325 751	256 018	+27.2%
	净利润	65 017	52 293	+24.3%

注：* Apollo公司的季度起始时间与其他公司不同，其两个比较时间分别是"2008年6月1日至2009年2月28日"和"2007年6月1日至2008年2月29日"。Apollo公司在2007年6月1日至2008年2月29日期间的一场诉讼中可能需要支付168 400万美元，因为该诉讼是一场单独事件，涉及金额也未最终确定，这一数字没有反映进这一时期的财务统计内。

营利性高等教育公司日常运营的主要收入来源是其收取的学费，因此学生人数的增长也通常意味着收入和利润的增长。从表44中可以看出，正如所预期的，4家公司的总收入和净利润随着学生人数的增长在经济危机中都有了大幅增长。并且，总体而言4家公司的总收入和净利润增长速度还高于其学生人数的增长速度。其中Apollo公司在学生人数增长20.4%的情况下，总收入增长了22.4%，净利润增长超过了40%。

以Apollo公司为例，在收入方面，在2008年6月1日至2009年2月28日的3个季度内，公司的总收入比前一年度同期增长了22.4%，其财务报表显示，这主要是由于公司下属的凤凰城大学（University of Phoenix）在学人数增长以及学费提高导致的——在此期间凤凰城大学学生人数增长了20.4%，而同时学校还将部分学生的学费提高了4%~10%。在支出方面，总支出同比仅增长了15%。财务数据显示，这主要是由于在规模增长的同时，固定成本的增长得到了控制，如房屋租金、设备折旧和人员工资等。在此期间，受到经济危机的影响，一些费用甚至出现下降，如广告业收费大幅降低，这帮助公司缩减了广告成本。在经济危机之前，营利性教育公司通常选择价格较低的互联网广告，而随着电视、报刊等线下广告价格的走低，教育公司可以用更少的投入换来更好的广告效果；同时，随着房地产价格下降，房屋租金也大幅下降，因为营利性高校的房产通常为租借而非拥有，租金下降也降低了高校的运营成本。[179,181]

经济危机也对高等教育公司的其他方面带来了正面影响。例如，经济危机使得其他行业尤其是金融行业对人才的吸引力大幅降低，作为雇主，高等教育公司在经济危机中有机会招聘到更加优秀的员工。经济危机带来的收入增加使得高等教育公司的现金流更加充沛，也有更多的机会进行收购等投资。

但经济危机也给高校的财务带来了一定的负面影响，这主要体现在市场上非政府担保学生贷款供应的减少以及坏账的增加。随着经济危机影响的显现，市场上供应的商业性非政府担保学生贷款有所减少，这增加了学生贷款的难度；同时，拖欠学费的人数有了小幅增长，这使得学校冲抵坏账的支出有所增加。但到目前为止，这两项影响还非常小。仍以 Apollo 公司为例，与上一年同期相比，自 2008 年下半年以来，来自于非政府担保学生贷款的收入占总收入的比例下降了 2%，同时冲抵坏账的支出占总收入的比例增长了 0.3%。[181] 虽然随着经济危机的持续，这两项比例有可能会继续上升，但从目前来看都不会对学校财务造成重大负面影响。

从财务和运营方面来看，经济危机对营利性高校起到了非常正面的影响，帮助这些高校大幅增加了收入和利润，并且提供了进一步改善经营水平的机遇。但这其中还有一个关键因素，即美国政府对大学生的奖学金和直接学生贷款以及对商业性学生贷款的担保一直都在正常运行，并没有受到经济危机的影响。实际上，根据 4 家公司的报告，它们超过 70% 的收入来源于政府提供的学生贷款或政府担保的学生贷款。政府在经济危机中维持学生贷款的正常发放对 4 家高等教育公司的运行起到了至关重要的作用，这一作用充分体现在了下面分析的股票市场的变化中。

第四节　股票市场的变化

本次经济危机对股票市场造成了重大影响。市场上恐慌情绪蔓延，全球资本市场指标普遍大幅下跌，即使运营良好的企业也难以维持原有的估值水平。因为一家公司的股票价格不仅取决于其历史财务表现，还取决于市场对该公司和该行业的预期，高等教育公司的股票价格可以反映出市场对这些公司和行业的相对看法。图 20 比较了在 2007 年 6 月 1 日至 2009 年 2 月 27 日期间，4 家高等教育公司的股票价格以及标准普尔 500 指数的走势。

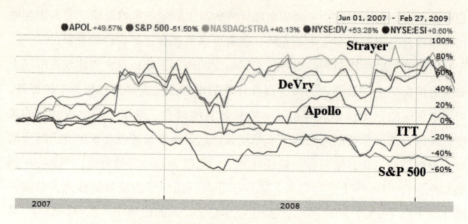

图 20　4 家高等教育公司的股票价格以及标准普尔 500 指数

（2007 年 6 月 1 日至 2009 年 2 月 27 日）

数据来源：Google Finance，http：//finance. google. com.

　　从图 20 可以看出，在这一时期内，标准普尔 500 指数下跌了 51.5%，而 4 家高等教育公司的股价反而都有所上涨，其中 Apollo、DeVry 和 Strayer 的涨幅都在 40% 以上。图 20 中的另一现象是，在 2007 年年底至 2008 年年初的这段时间，标准普尔 500 指数仅有小幅下跌，但 4 家高等教育公司平均而言跌幅却更大——截至 2008 年 3 月份，ITT 公司最大降幅达到了约 60%，而同时期标准普尔 500 指数仅下降了 13%。这段时期高等教育公司股价的下跌主要是由当时次贷危机造成的学生贷款市场的动荡引起的，投资者担心随着学生贷款机会的减少，这些公司的收益会受到重大影响，但随后美国教育部表示将为学生贷款市场注入流动性，保证学生贷款的发放，4 家高等教育公司的股票价格便都立刻回暖[182]，并在标准普尔 500 指数的持续下降过程中出现上升。这也从证券市场的角度印证了政府的学生贷款政策对高校运营和财务的重要意义。

　　这似乎说明，在整体经济下滑的情况下，只要就读营利性高校的学生仍然能够正常获得学生贷款，市场对于营利性高等教育的前景就会持正面的看法，在市场上股票价格整体走低的情况下，营利性高等教育公司的股票反而会出现上涨。

　　从 2009 年 3 月开始，美国股市开始回升。如图 21 所示，截至 2009 年 6 月 19 日，标准普尔 500 指数在 3 个多月的时间里上涨了超过 25%，但此时教育类企业却形成了相反的走势。除了 Strayer 公司的股票价格上涨了 22% 以外，其他 3 家公司的股票价格均在指数大幅上涨的情况下出现了不同程度的下跌，形成了与整体市场相反的走势。

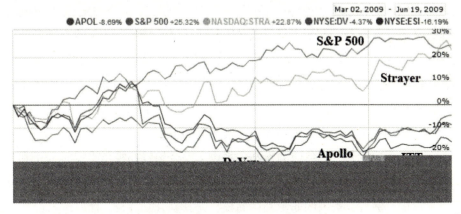

图 21　4 家高等教育公司的股票价格以及标准普尔 500 指数
（2009 年 3 月 2 日至 2009 年 6 月 19 日）

数据来源：Google Finance，http：//finance. google. com.

第五节　本章小结

　　缺少及时和准确的实证数据，是研究经济危机对高等教育的影响的主要障碍之一。本研究通过采用上市营利性高等教育公司的独特视角，以及时和准确的实证数据分析了本次经济危机对学生人数、财务和运营以及股票市场 3 个方面的影响。研究发现，本次经济危机虽然对全球经济和主要行业都造成了重大负面影响，其对营利性高等教育公司的影响却主要是正面的。在学生人数方面，本次经济危机使得高等教育公司的规模迅速扩大；在财务和运营方面，危机帮助高等教育公司控制了支出，并大幅提高了总收入和净利润；在股票市场方面，危机将投资者的视线和资金转移到了高等教育行业，并使得高等教育公司的股票价格大幅上升。

　　这些发现在一定程度上支持了高等教育"反经济周期"的假设，至少是对营利性高等教育行业而言，即经济下滑不会对高等教育行业带来负面影响，对部分高校而言还能带来正面影响；而经济景气时，市场的注意力又会从高等教育行业移至其他产业。

但本研究同时还发现，本次经济危机未对高等教育公司造成重大负面影响，与美国政府的教育和经济政策密不可分。因为 4 家公司的收入中超过 70% 是来源于政府提供的学生贷款或政府担保的学生贷款，如果政府的贷款和奖学金计划受到经济危机的影响而取消或限制规模，高校的招生和财务无疑都将受到巨大的打击，而这也将反映在股票市场上。因此，经济危机之所以未对营利性高校造成明显负面影响，很大程度上应归功于美国政府对高等教育的支持，以及不歧视甚至是支持私立和营利性教育的态度。

本研究也注意到，虽然营利性高校提供了一个独特的视角来及时分析和研究经济危机对高等教育的影响，但这些研究发现并不一定适用于其他类型的高等教育机构。例如，美国的非营利性高校，尤其是公立高校，面对政府经费缩减，更可能出现学生人数和收入的下降，而不是上升。这也说明，即使是在同一个高等教育系统中，经济危机对不同类型高校的影响也未必一致。实际上，非营利性高校缩减学生规模的行为在另一方面恰恰会增长学生对营利性高校的需求。

《高等教育公司：营利性大学的崛起》一书的前言部分提出了这样一个问题，即为何当几乎所有非营利性高校都有财务困难时，营利性高校却还能够赚取利润？[175]营利性高校在此次经济危机中能够转"危"为"机"，与其固有的以追求利润为目标、实施规模办学、发展远程和职业教育等特点有着密切的关联，但同时也与高等教育行业本身的属性、政府的贷款政策、劳动力就业市场的变化以及经济危机对非营利性高校的负面影响等外部环境因素紧密相关。

当前，经济危机还未结束，但"希望曙光"似乎已然可见。好转之后的经济对高等教育又会造成何种影响？这需要持续的观察和研究。但根据 Apollo 公司管理层的分析，对营利性高校而言，由经济危机造成的快速增长在危机结束后是不大可能持续的。[180]因此，这些高等教育公司目前也还是采取灵活的发展策略，即不会大规模增加基础设施或扩大教育能力，以免在经济好转后学生规模和收入水平增长速度放缓或甚至下降时出现能力过剩。

第十章　总结和启示

第一节　总　结

　　凭借大量数据，本研究较为全面地回顾了金融危机对 6 所世界一流大学造成的影响以及这 6 所大学采取的应对措施。就影响路径而言，发轫于金融市场的危机主要通过市场和政府这两大介质给世界一流大学带来不良影响（见图 22）。一方面，由于这 6 所世界一流大学的捐赠基金都积极参与了市场化运作，将大部分资本投资于金融产品以谋求利润，因而在金融危机发生后，捐赠基金即刻受到影响，收益锐减，基金规模大幅缩水；另一方面，政府收入遭遇困境导致政府大幅削减高等教育经费。这些影响进一步导致各大学上调学费以补充办学经费，美国的公立大学以及英国的大学上调幅度较大（见表 45）。

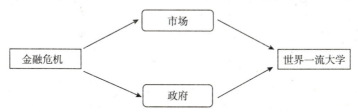

图 22　金融危机对世界一流大学的影响路径

　　虽然金融危机给这 6 所大学的财政收入和学费水平带来了挑战，但是凭借一流科研水平获得的充裕科研经费、积极参与市场化运作获得的可观销售和服务收入、通过平滑支出政策得以保障的捐赠基金支出、基于经济复苏法案划拨的科研经费以及较高的学生资助水平，这 6 所大学在金融危机发生时和发生后都维持了原有的支出水平并保持收支平衡。由此可见，政府适时的扶持政策、大学积极参与市场化运作筹集办学经费及学校卓越的科研能力有助于大学应对突然而至的金融危机（见表45）。

表45　金融危机后6所大学主要指标变化情况汇总表

主要指标		哈佛大学	耶鲁大学	加州大学伯克利分校	华盛顿大学西雅图分校	牛津大学	剑桥大学
收支状况	总收入	涨幅下降	涨幅下降	涨幅下降	涨幅下降	涨幅下降	涨幅下降
	教学拨款	—	—	大幅减少	减少	涨幅下降	涨幅下降
	科研拨款	大幅增加	大幅增加	大幅增加	大幅增加	大幅增加	大幅增加
	学费收入	略减	略减	大幅增加	大幅增加	大幅增加	大幅增加
	销售和服务收入	维持原有涨幅	维持原有涨幅	维持原有涨幅	维持原有涨幅	维持原有涨幅	维持原有涨幅
	收支比	趋近于1	趋近于1	趋近于1	趋近于1	趋近于1	趋近于1
捐赠基金	绝对规模	大幅下降	大幅下降	大幅下降	大幅下降	大幅下降	大幅下降
	当期接受捐赠状况	大幅下降	大幅下降	大幅下降	大幅下降	增加	维持原有涨幅
	投资收益率	大幅下降	大幅下降	大幅下降	大幅下降	大幅下降	大幅下降
	支出金额	稳定	稳定	稳定	稳定	稳定	稳定
教师	终身制教师数量	减少	增加	增加	增加	—	—
	终身制教师薪酬水平	涨幅下降	涨幅下降	涨幅下降	减薪	—	—
	非终身制教师数量	增加	减少	减少	减少	—	—
	非终身制教师薪酬水平	减薪	涨幅下降	涨幅下降	减薪	—	—

续表

主要指标		哈佛大学	耶鲁大学	加州大学伯克利分校	华盛顿大学西雅图分校	牛津大学	剑桥大学
学生	本科生（本国学生）学费	维持原有涨幅	维持原有涨幅	大幅上涨	大幅上涨	大幅上涨	大幅上涨
	本科生（国际学生）学费	维持原有涨幅	维持原有涨幅	大幅上涨	维持原有涨幅	维持原有涨幅	维持原有涨幅
	研究生（本国学生）学费	维持原有涨幅	维持原有涨幅	涨幅略增	维持原有涨幅	维持原有涨幅	维持原有涨幅
	研究生（国际学生）学费	维持原有涨幅	维持原有涨幅	维持原有涨幅	维持原有涨幅	维持原有涨幅	维持原有涨幅
	政府奖助学金资助力度	略增	略增	大幅增加	大幅增加	大幅增加	大幅增加
	学校奖助学金资助力度	大幅增加	大幅增加	大幅增加	大幅增加	大幅增加	大幅增加
	本科生数量	稳定	稳定	略增	略增	稳定	稳定
	研究生数量	大幅增加	大幅增加	略增	略增	维持原有涨幅	维持原有涨幅

资料来源：由作者依据本研究发现总结而得。

究竟市场和政府如何在传导金融危机的不利影响的同时又帮助大学渡过财政危机？世界一流大学如何发扬自身优势克服了金融危机带来的不利影响？本研究将从市场、政府、学校3个方面做探讨。

一、市　　场

首先，市场是金融危机与世界一流大学之间主要的传导介质。此次金融危机对高等教育的影响表明，大学已经深刻融入周遭的经济环境中，尤其是对于有着较大捐赠基金规模的学校而言。以哈佛大学和耶鲁大学为例，在危机爆发之前，捐赠基金的市场化运作为这两所大学提供了丰厚稳定的办学经费，两所大学每年都约有30%~40%的运营经费来自于捐赠基金。然而危机扰乱了金融市场秩序，导致金融产品价格暴跌，各大学捐赠基金规模严重缩水。幸运的是，捐赠基金的平滑支出政策在市场和大学之间竖立了一道屏障，有效阻隔市场对大学运营经费的直接影响。本研究发现，这6所大学采取的平滑支出政策缓冲了此次捐赠基金规模大幅缩水对捐赠基金支出造成的冲击，保证了原有的捐赠基金支出水平，为这6所大学在金融危机期间的经费稳定做出了巨大贡献。

其次，市场是世界一流大学应对金融危机的有利手段。①市场具有收入分配的功能。高等教育作为准公共物品，具有消费竞争性，明显地具有"排他性"特征。[96]准公共物品被普遍认为最合理的收费方式为对私人有好处的物品由消费者付费，对社会有外部好处的由政府付费。[96]基于这样的共识，向接受高等教育的学生收取一定的学费，实行成本分担，无论在理论上还是实践上都是可接受的。所以当金融危机导致政府削减高等教育经费支出时，各大学普遍调高了学费以增加收入。②市场能够调节供求关系。市场在高等教育资源的配置中发挥着巨大的作用，大学的建筑、教学仪器、图书、后勤服务等都受市场供求的调节。近年来，这6所世界一流大学都凭借自身特色积极争取市场化收益，提供多项服务以拓展经费来源，包括会议服务、食宿服务、医疗服务、租赁服务等，且这部分收入在大学的总收入中所占比重较大，基本可以达到10%~20%的水平。例如，牛津大学的出版社收入、剑桥大学考试及测评收入、耶鲁大学医学院和华盛顿大学西雅图分校医学院带来的医疗服务收入等，均为这些大学的主要收入来源之一。受益于范围经济效应，金融危机并未对这些收入造成明显影响。因此，大学应结合自身特色积极争取市场化收益，享受范围经济带来的可观收入以充实办学经费。

积极的一方面是，世界银行主席和国际货币基金总裁都敦促各国将卫生和教育包括在财政刺激计划中。各方普遍认同增加投资和增加高质量教育可获得性的重要性，但就如何扩大以及如何分配公共与私人投资等问题仍存在很多争论。高等教育中的市场导向有利于资源的流动与分配，但是市场导向使高等教育扩张到何种程度还需进一步的探究。

二、政　府

高等教育市场并不是一个理想的竞争市场，如果听任价格机制调节高等教育物品的供求，将会造成高等教育投资不足、投资方向错误、物品分配不公平等不良后果，进而导致高等教育资源使用不经济。高等教育极大的外部性，使得政府对高等教育竞争加以干预和调节成为必要。而且，正如美国经济学家马斯格雷夫（Richard Musgrave）所言："教育支出既有利于各个学生又有利于社会。"[96]不仅接受高等教育的人可以从中得到很大的收益，而且整个社会将因人们受教育程度的提高而受益。如果高等教育完全由市场提供，那么这种外在收益不可能由兴办高等教育的私人主体获得，因而他们提供的高等教育数量低于社会期望的水平。此外，政府干涉高等教育的一大原因在于教育是一个缓慢的过程，未来收入的不确定性和当下成本的不确定性都可能抑制有效的投资水平。在这种情况下，公共部门需要通过助学金和贷款鼓励教育。[96]

政府干预高等教育的主要途径是立法和拨款，科研拨款和学生资助是最主要的两种拨款方式。金融危机发生后，美国政府基于《重建和再投资法案》、英国政府基于《欧洲经济复苏计划》划拨的科研经费都为两国大学的运行和发展提供了大量资金，是英美两国高校应对金融危机的坚强后盾。值得关注的是，英美两国政府基于这两个法案划拨的科研经费都具有竞争性，都是基于大学的科研水平进行分配，这一合理高效的拨款制度帮助英美两国政府很好地履行了宏观控制的职能。同时，为了应对学校上调学费带来的不利影响，政府亦适时加大了学生资助力度，有力地保障了教育机会均等。

但同时我们也应当清醒地意识到，因为高等教育是经济回报不显著的产业，所以每当政府由于收入减少而削减公共支出时，高等教育领域总是首当其冲，这亦是造成学校大幅上调学费的原因。而且，政府为大学提供研究资助的最终目的在于维护国家利益。美国高等教育研究者威尔逊（John Wilson）认为："研究资助与大学的财政需要分开来考虑。政府资助大学的研究不应该是因为大学的财政需要这笔钱，而是出于它能满足政府开展此项研究的需要。因此，研究资助不能变成对高等教育机构本身的资助。"[183]鉴于此，学校应该清醒地意识到，政府在金融危机时期额外划拨科研经费不是因为学校遭遇财政危机，而是出于保障科研工作顺利进行的目的。所以，大学应当时时保持警醒，刻刻追求卓越，不断提高科研水平和办学质量，以提高自身竞争力。

政府需要重新定义自己的角色来应对变化的情况，应更多地承担管制和促进的作用而不仅仅是资助的作用。政府如果把高等教育全部交由市场，长此以往高等教育对提高国家综合实力的贡献也许会缺失。高等教育可以依靠市场提高效率，但在提升公平方面不能完全依赖市场。由于教育是决定收入的一大因素，也就可能成为经济和社会代际不平等的原因。当政府无法全额资助高等教育的时候，瓦格斯[44]认为政府可以较多地关注低收入群体和一些就业前景不是最好的基础学科领域。公共财政有限不应成为政府退出高等教育领域的理由。即使政府不能提供资助方面的支持，依旧可以在计划和规制方面对高等教育系统发挥不可替代的作用。

三、学　　校

德国社会学家乌尔里希·贝克（Ulrich Beck）在 1986 年提出了风险社会理论。该理论认为当今社会充满着各种各样的风险，它们不可感知，具有不确定性，能在全球范围内扩散，当下社会已经从"财富分配型社会"转向"风险分配型社会"；而面对各种各样的风险，人们应当主动自我更新，自我完善，以便实现可持续发展。[147]此次金融危机便是极具现代风险特征的一大实例，在毫无预警的情况下横扫了全球经济。而作为社会系统的一部分，世界一流大学亦未能幸免，不得不采取措施直面捐赠基金规模大幅缩水、政府拨款削减等不利影响。笔者认为，这些应对措施体现了这 6 所世界一流大学卓越的办学理念。

首先，是重视科研、追求卓越的办学理念。曾任哈佛大学校长的科南特指出："我们的教师必须一如既往地在各个方向上扩展知识的疆界。我希望永远不要把我们的教师分为专门从事教学和专门从事创造性研究的两组人，不要将教学和科研割裂。"[148]正是基于这样的理念，世界一流大学把科学研究作为大学的重要职责，作为提高其办学水平和学术声誉的基石，因而投入大量师资和财力以提高科研水平。随着科研水平的提高，大学参与的科研项目愈发前沿，大学也日益成为创造性的甚至划时代意义的重大科研成果的摇篮。更为重要的是，当这些大学取得了卓越的科研成就、提高了科研水平之后，它们在争取竞争性科研经费时便占据优势，而充裕稳定的科研经费又可保证科研力量的延续和补充，如此达到良性循环。

其次，"以学生为本"是这 6 所世界一流大学的基本出发点。无论私立大学还是公立大学，学生资助均主要来自学校和政府。对于美国的公立大学和英国的大学而言，由政府提供的奖助学金是学生资助的主要组成部分。事实表明，金融危机发生后，政府提高了奖助学金的资助力度以缓和学费上涨带来的压力。与此同时，同是私立大学的哈佛大学和耶鲁大学一方面维持以往涨幅微调学费，一方面削减助学贷款的投放比例从而提高学校奖助学金的资助名额和资助额度。其原因在于，优秀贫困生的家庭可能因金融危机而面临更大的求学困境，将助学贷款转为助学金，体现了"不让任何一个学生因为经济困难而无法入学"的宗旨。

诚然，充裕的办学经费和雄厚的财政力量为这些一流大学加大资助力度提供了保障，但是，视教书育人为己任的办学理念才是最根本的动因。这 6 所大学都将培养人才视作大学的首要职能，牛津大学更曾将人才培养视作唯一职能。曾任牛津大学副校长的博拉（Maurice Bowra）指出，培养领袖人才是牛津大学的基本任务。无论是培养领袖人才、新型学者和科学家，还是教育、发展学生的智力和人格，落脚点都在人才的培养。耶鲁大学 1701 年的章程指出，学院的任务是教育年轻人，使其"适应教堂和国内各州的公共工作"。18 世纪初，又指出耶鲁大学的任务是为狭小的新英格兰殖民地培养领导者和公民。到了 19 世纪中期，培养领导者和合格公民的目标已经涵盖整个国家。进入 21 世纪时，耶鲁大学又确立为全世界培养领导者的愿景。可见，人才培养始终是这些卓越大学坚守的主要目标。

世界一流大学的优秀素养在应对金融危机的过程中发挥了重要作用。这 6 所世界一流大学的鲜活事例告诉我们，身处风险社会，面对各种不确定性，大学更应当努力提升办学质量和研究水平，认真履行职能，提高声誉，以吸引优秀的学者和学生，为大学的长久稳定发展注入源源不断的活力。

第二节　启　示

本研究探讨了世界一流大学的财务状况、捐赠基金运营状况、教师数量、教师薪水、学生数量、学费水平和资助水平在金融危机爆发前后这一个非常态的时间段内的变化。研究发现，这场发轫于金融市场的金融危机通过市场和政府两个渠道对世界一流大学产生影响；而面对周遭经济环境发生的变化，世界一流大学亦结合了市场、政府、学校三方力量共同应对金融危机对其财政收入造成的挑战。可见，当下的世界一流大学与整个社会联系紧密，已然是社会系统的一个重要组成部分。

而作为社会系统的一个组成部分，世界一流大学与外部大环境处于动态的相互作用之中。就市场而言，一方面，世界一流大学积极参与市场化运作，将捐赠基金投入金融市场谋求收益；另一方面，世界一流大学结合自身优势享受多种生产要素带来的范围经济效应，拓展收入渠道。然而机会总与风险并存，金融危机的爆发使得大学捐赠基金损失严重。不过，具有抵御风险功能的平滑支出政策保全了捐赠基金的支出能力，缓和了金融危机对大学捐赠基金支出的冲击。政府与世界一流大学的相互作用则更加明显。受制于政府财政收入面临的压力，英美两国政府的非竞争性拨款日益减少。这给大学办学经费带来了压力和挑战，也促使美国公立大学和英国大学大幅上调学费。而同时，为了加快经济复苏，英美两国政府均加大了竞争性科研经费的拨放力度；为了缓解学费大幅上涨带来的入学压力，英美两国政府均适时增加了政府助学金资助额度，为保障教育机会均等做出了努力。

金融危机对世界一流大学产生影响的过程是一个发展变化的过程，是政府、市场两种因素共同参与的过程。而世界一流大学应对金融危机，需结合政治、经济环境开拓渠道积极争取资源，需借助政府适时出台的制度及政策，需不断提高科研水平和教学质量，提高办学声誉。换言之，内外结合多渠道发展是世界一流大学抵御全球金融危机的重要经验。

第三节　研究成果的创新性

遵循具有聚焦、全面、定量 3 个特点的研究路线，在挖掘 6 所世界一流大学相关资料、还原此次金融危机对它们的影响及应对之后，本研究的相关发现进一步确定了三对关系，即金融危机会促使科研拨款增加、政府拨款减少会导致公立大学的学费上涨、私立大学往往会在金融危机发生后加大奖助学金资助力度。

（1）金融危机会促进各国政府额外划拨科研经费。事实证明，金融危机发生后多国政府均将科技创新作为促进经济复苏的着眼点，并大幅增加了科研经费预算。而作为科研主力军的研究型大学则会因此获得额外的科研拨款。所谓"祸兮福之所倚，福兮祸之所伏"，金融危机的发生反而给研究型大学带来了新的发展机遇。

（2）对于公立大学而言，学费收入被视作政府拨款与运营成本之间的差额。换言之，学费收入与政府拨款之间存在此消彼长的关系，当政府拨款被削减时，学费势必上涨。这在此次金融危机中再次得到了验证，尤以加州大学伯克利分校最为显著。英国大学在制定学费时需参照英国政府设定的学费上限，而英国政府设定学费上限的主要依据为高等教育经费预算，预算的制定周期一般为 3～5 年，所以学费上调的年份往往滞后于金融危机爆发的年份。例如，此次金融危机爆发于 2008 年，然而到了 2010 年 7 月 5 日，英国政府才宣布为减少政府财政赤字将削减 25% 的高等教育预算，同年 10 月英国议会通过了于 2012 年上调学费的法案。

（3）私立大学在金融危机发生之后既没有缩减奖助学金投放名额，也没有减少资助力度，反而将部分助学贷款改为无需偿还的奖学金。有研究表明，此次金融危机导致美国两大贷款机构破产，直接降低了中低收入家庭学生的入学机会。在针对 20 世纪 30 年代金融危机对高等教育影响的研究中，曾有学者发现美国私立大学会在金融危机发生时减少奖学金投放名额。然而哈佛大学和耶鲁大学在此次危机爆发之后并没有这么做，也没有出现大幅提高学费的情况。

第四节　本研究的局限性

一、全面性

金融危机对大学的影响涉及诸多方面，本研究所关注的是 2008 年国际金融危机对这 6 所大学收支状况、捐赠基金、教师和学生 3 个方面在短期内造成的直接影响。故本课题还有待后续研究进一步完善金融危机对大学其他方面造成的直接或间接影响。比如，随着时间推移，此次国际金融危机所造成的一些临时性影响将逐渐弱化直至消失，那么，危机是否让世界一流大学在治理、管理等方面做出了实质性的改变？要回答这个问题，则需要更长的考察时间和更新、更丰富的资料。

二、适用性

由于本研究所涉及的 6 所世界一流大学均为实力雄厚的研究型大学，故本研究的发现未必适用于财力薄弱的研究型大学或是没有科研经费（或科研经费较少）的教学型大学。此外，美国的私立大学、公立大学体系与大多数亚洲国家的高等教育体系不同，因而在许多方面难有可比性。

参考文献

[1] STEMPEL J. New century financial corp gets bankruptcy examiner [N]. Reuters, 2007 – 06 – 06.

[2] SORKIN A R, JR. L T. JPMorgan acts to buy ailing bear stearns at huge discount [N]. New York Times, 2008 – 03 – 16.

[3] WOLF M. The big lessons from northern rock [N]. Financial Times, 2007 – 11 – 16.

[4] 王洪才. 金融危机对美国高等教育的影响及思考 [J]. 复旦教育论坛, 2009 (7): 5 – 9.

[5] WEE G. Endowment losses from Harvard to Yale force cuts [N]. Bloomberg, 2009 – 06 – 22.

[6] 王桢. 经济危机导致美国大学削减财政预算 [J]. 比较教育研究, 2009 (2): 93.

[7] 中华人民共和国国家统计局. 中国统计年鉴 2010 [M]. 北京: 中国统计出版社, 2010.

[8] 教育部财务司, 国家统计局社会和科技统计司. 中国教育经费统计年鉴 2008 [M]. 北京: 中国统计出版社, 2009.

[9] HECHINGER J, KARMIN C. Harvard hit by loss as crisis spreads to colleges [N]. The Wall Street Journal, 2008 – 12 – 04.

[10] MARKLEIN M B. Tuition and fees rise more than 8% at U. S. public colleges [N]. National World News, 2011 – 10 – 26.

[11] OECD. Impact of the economic crisis on employment and unemployment in the OECD countries [EB/OL]. http://www.oecd.org/els/emp/impactoftheeconomiccrisisonemploymentandunemploymentintheoecdcountries.htm.

[12] MONTELL G. Financial crisis crimps university hiring [N]. The Chronicle of Higher Education, 2008 – 11 – 03.

[13] 喻恺. 全球金融危机对高等教育的影响和启示 [J]. 高等教育研究, 2009 (1): 11 – 16.

[14] VARGHESE N V. Running to stand still: Higher education in a period of global economic

crisis［R］. Paris：UNESCO, 2010.

[15] JOHNSTONE B. The costs of higher education：Worldwide issues and trends for the 1990s ［M］//Altbach P. G., Johnstone B. The Funding of Higher Education：International Perspectives. New York：Garland Publishing, 1993.

[16] KEATING T. How the harvard and yale endowment models changed to avoid a repeat of 2009 ［N］. Forbes, 2011 - 02 - 15.

[17] VARGHESE N V. Higher education and economic crisis ［EB/OL］. http：//uv - net. uio. no/wpmu/hedda/2012/12/11/thematic - week - higher - education - and - economic - crisis/.

[18] UNIVERSITY OF YALE. Yale university financial report 2006 - 2007 ［R］. New Haven, CT：University of Yale, 2007.

[19] UNIVERSITY OF PRINCETON. Report of the treasurer 2006 - 2007 ［R］. Princeton, NJ：University of Princeton, 2007.

[20] UNIVERSITY OF HARVARD. Harvard university financial report fiscal year 2007 ［R］. Boston, MA：University of Harvard, 2007.

[21] TAMAR L. College may become unaffordable for most in U. S ［N］. New York Times, 2008 - 12 - 03.

[22] PARANDEKAR N. Higher education responds to waning economic climate ［EB/OL］. http：//cornellsun. com/section/news/content/2008/11/24/higher - education - responds - waning - economicclimate.

[23] 喻恺, 胡伯特·埃特尔. 国际金融危机影响下的世界一流大学 ［J］. 教育研究, 2011 (9)：98 - 104, 111.

[24] 喻恺, 胡伯特·埃特尔. 当高等教育遇到经济危机：对营利性高校的实证研究 ［J］. 北京大学教育评论, 2009, 7 (4)：147 - 156.

[25] 王康宁, 段江飞. 美国一流大学的筹资方式及其对我国的启示 ［J］. 教育理论与实践, 2011 (16).

[26] 邬大光. 世界一流大学解读——以美国密西根大学为例 ［J］. 高等教育研究, 2010 (12).

[27] 喻恺, 胡伯特·埃特尔. 当高等教育遇到经济危机：对营利性高校的实证研究 ［J］. 北京大学教育评论, 2009 (4)：147 - 156.

[28] 薄云. 亚洲金融危机期间相关国家高等教育经费政策调整 ［J］. 教育发展研究, 2009 (1)：56 - 60.

[29] THOMAS D，BEEGLE K，FRANKENBERG E. Education in a Crisis [J]. Journal of Development Economics，2004，74（1）：53 – 85.

[30] 王洪才. 金融危机对美国高等教育的影响及思考 [J]. 复旦教育论坛，2009（7）：5 – 9.

[31] 阚阅. 金融危机中的美国高等教育财政 [J]. 教育发展研究，2009（9）：72 – 76.

[32] 王文强. 英国应对当前国际金融危机的高等教育对策 [D]. 西南大学，2010.

[33] HUANG F. The Impact of the global financial crisis on Japan's higher education [J]. Higher Education Policy，2011，24（2）：275 – 283.

[34] BORCK R，WIMBERSKY M. Political Economics of Higher Education Finance [R]. Barcelona：Institut d'Economia de Barcelona（IEB），2010.

[35] 武学超，徐辉. 国际金融危机对美国公立高等教育财政的影响与对策 [J]. 贵州师范大学学报：社会科学版，2011（1）：14 – 20.

[36] 张燕军. 金融危机下加州高等教育问题探究 [J]. 现代大学教育，2010（6）：28 – 32.

[37] 罗伯特·罗兹，张燕军. 新自由主义影响下的加州公立高等教育危机 [J]. 江苏高教，2011（1）：148 – 151.

[38] ENGLAND R W. Public school finance in the united states：Historical trends and contending Interpretations [J]. Review of Radical Political Economics，1985，17（1 – 2）：129.

[39] LI Y. Non – Profit Organizations in a down economy：The financial performance of higher education institutions in the new england area [D]. Smithfield，RI：Bryant University，2010.

[40] 赖德胜，朱敏. 东南亚金融危机对东亚国家教育的影响：经验与启示 [J]. 比较教育研究，2009（9）：44 – 47.

[41] 曾凤婵. 20 世纪 30 年代经济危机对美国高等教育的影响 [J]. 比较教育研究，2009（9）：48 – 52.

[42] 潘懋元. 金融危机对高等教育的挑战 [J]. 教育发展研究，2009（7）：6.

[43] 侯定凯，李明. 金融危机中的各国高等教育 [J]. 教育发展研究，2009（3）：13 – 17.

[44] VARGHESE N. Globalization，economic crisis and national strategies for higher education development [R]. Paris：UNESCO，2009.

[45] KEARNEY M L，LINCOLN D. Research Universities：Networking the knowledge economy [J]. Studies in Higher Education，2013，38（3）：313 – 315.

[46] 邹治，陈万明. 英国提升高校毕业生就业力的经验与借鉴 [J]. 煤炭高等教育，

2008（5）：44－45.

[47] 唐娟. 论世界金融危机下大学生就业问题 [J]. 企业家天地, 2009（1）：65.

[48] KOSER K. The global financial crisis and international migration：Policy implications for australia [R]. Sydney：Lowy Institute for International Policy, 2009.

[49] WORLDBANK. What are global public goods? [EB/OL]. http：//web. worldbank. org/ WBSITE/EXTERNAL/EXTOED/EXTANNREVDEVEFFE/EXT2008ANNREVDEVEFFE/0, contentMDK：21903365～menuPK：4683631～pagePK：64829573～piPK：64829550～ theSitePK：4683541, 00. html.

[50] OXLEY H W. Growth and accomplishments of CCC Education [J]. The phi delta kappan, 1937, 19（9）：313－316.

[51] EPSTEIN J. Economic crisis leads business schools to meld ethics into MBA [N]. Insider Higher ED, 2010－05－05.

[52] MACKNESS J. Are business schools to blame for the financial crisis? [N]. Business ethics, 2010－05－07.

[53] CAMPBELL J. Why would corporations behave in socially responsible ways? An institutional theory of corporate social responsibility [J]. the Academy of Management Review Archive, 2007（32）：946－967.

[54] BLOOM R, WEBINGER M. Contextualizing the intermediate financial accounting courses in the global financial crisis [J]. Accounting education, 2011, 20（5）：469－494.

[55] KENWAY J, FAHEY J. Is greed still good? Was it ever? Exploring the emoscapes of the global financial crisis [J]. Journal of Education Policy, 2010, 25（6）：717－727.

[56] CLARKE J, NEWMAN J. Summoning Spectres：Crises and their construction [J]. Journal of Education Policy, 2010, 25（6）：756－766.

[57] HARTLEY D. Rhetorics of regulation in education after the global economic crisis [J]. Journal of Education Policy, 2010, 25（6）：785－791.

[58] BURCH P. After the fall：Education contracting in the USA and the global financial crisis [J]. Journal of Education Policy, 2010, 25（6）：757－766.

[59] MOK K H. The global economic crisis and educational development：Responses and coping strategies in Asia [J]. Journal of Education Policy, 2010, 25（6）：777－784.

[60] GOODSON F. Times of educational change：Towards an understanding of patterns of historical and cultural refraction [J]. Journal of Education Policy, 2010, 25（6）：767－775.

[61] SAVELSBERG H J. Setting responsible pathways：The politics of responsibilisation [J].

Journal of Education Policy, 2010, 25 (5): 657 - 675.

[62] NAMSISSAN G B. The global economic crisis, poverty and education: A perspective from India [J]. Journal of Education Policy, 2010, 25 (6): 729 - 737.

[63] TOUTKOUSHIAN R K, SHAFIQ M N. A conceptual anlysis of state support for higher education: Appropriations versus need – based financial aid [J]. Research in Higher Education, 2010, 51 (1): 40 - 64.

[64] DOYLE W R. Does merit – based aid 'crowed out' need – based aid? [J]. Research in Higher Education, 2010, 51 (5): 397 - 415.

[65] DINERSTEIN, M. F. , HOXBY, C. , MEER, J. , VILLANUEVA, P. , DINERSTEIN, M. , HOXBY, C. , VILLANUEVA, P. Did the Fiscal Stimulus Work for Universities? How the Financial Crisis and Great Recession Affected Higher Education [M]. Chicago: University of Chicago Press, 2014: 263 - 320.

[66] 喻恺. 模糊的英国大学性质: 公立还是私立 [J]. 教育发展研究, 2008 (3): 88 - 95.

[67] 王晓阳, 刘宝存, 李婧. 世界一流大学的定义、评价与研究——美国大学联合会常务副主席约翰·冯 (John Vaugh) 访谈录 [J]. 比较教育研究, 2010 (1): 13 - 19.

[68] 丁学良. 什么是世界一流大学 [J]. 高等教育研究, 2001 (3): 4 - 9.

[69] NILAND J. The Challenge of Building World Class Universities in the Asian Region [EB/OL]. http://www. onlineopinion. com. au/view. asp? article = 997.

[70] SHANGHAI RANKING CONSULTANCY. Academic Ranking of World Universities 2011 [EB/OL]. http://www. shanghairanking. com/ARWU2011. html.

[71] TIMES HIGHER EDUCATION. World University Rankings 2011 – 2012 [EB/OL]. http://www. timeshighereducation. co. uk/world – university – rankings/2011 – 12/world – ranking.

[72] GRAHAM H, DIAMOND N. The Rise of American Research University: Elites and challenges in the postwar era [M]. Baltimore, MD: The Johns Hopkins University Press, 1997: 53.

[73] SCHULMAN L. The Carnegie classification of institutions of higher education [R]. Stanford, CA: The Carnegie Foundation for the Advancement of Teaching, 2001.

[74] STANFORD UNIVERSITY. Stanford university research handbook [R]. Palo Alto, CA: Stanford University, 2011.

[75] 约翰·伊特韦尔, 默里·米尔盖特, 彼得·纽曼. 新帕尔格雷夫经济学大辞典 [M].

北京：经济科学出版社，1996.

[76] 张春敏. 国际金融危机是国际金融资本主导的世界经济体系危机［J］. 河北经贸大学学报，2010（3）：18－25.

[77] DEMYANYK Y, HEMRET O. Understanding the subprime mortgage crisis［J］. Review of Financial Studies, 2008（24）: 1848－1880.

[78] BANKER L. Embracing Accountability-Starting Right Here（Part 1）［EB/OL］. http：// www. economonitor. com/blog/2011/01/embracing－accountability－starting－right－here－part－1.

[79] 杰弗瑞·萨克斯. 双赢：为第三世界发展助力［J］. 世界科学，2009（4）：13.

[80] 杨公齐. 经济全球化视角下的金融危机成因解析［J］. 现代财经－天津财经大学学报，2008（8）：25－28.

[81] 希法亭. 金融资本［M］. 北京：商务印书馆，1997：125.

[82] WORLD BANK. Lessons from World Bank group responses to past financial crises［R］. Washington, DC: Independent Evaluation Group（IEG）/World Bank, 2008.

[83] EDUCATION INTERNATIONAL. Defend MDGS against the economic crisis, EI tells World Bank［EB/OL］ ［2014－01－18］. http：//old. eiie. org/en/news/show. php? id = 943&theme = educationforall&country = global.

[84] 谭学纯，濮侃，沈孟璎. 汉语修辞格大辞典［M］. 上海：上海辞书出版社，2010.

[85] 林崇德，姜璐，王德胜. 中国成人教育百科全书·文学·艺术［M］. 海口：南海出版公司，1993：205.

[86] 孟沛欣，郭召良，郑日昌. 应对的研究路线、评定和统计问题［J］. 中国心理卫生杂志，2004（5）：321－324.

[87] 张怡玲，甘怡群. 国外应对研究的不同理论视角［J］. 中国临床心理学杂志，2004（12）：321－324.

[88] 威廉·威尔斯马，斯蒂芬·于尔斯. 教育研究方法导论（第九版）［M］. 北京：教育科学出版社，2010：257－265.

[89] 朱有志，贺培育. 社会科学研究方法论［M］. 北京：中央文献出版社，2007：35，63.

[90] BUREAU OF ECONOMIC ANALYSIS. National income and product accounts［EB/OL］. http：//www. bea. gov/newsreleases/national/gdp/gdpnewsrelease. htm.

[91] HERBST M. Even the employed lose with hour and wage cuts［N］. Bloomberg Business-Week, 2009－07－10.

［92］ BROWNE J. Securing a sustainable future for higher education: An independent review of higher education funding and student finance ［EB/OL］. http://dera.ioe.ac.uk/11444/1/10 - 1208 - securing - sustainable - higher - education - browne - report.pdf.

［93］ COOK W B, LASHER W F. Toward a theory of fund raising in higher education ［J］. The Review of Higher Education, 1996, 20 (1): 33 - 51.

［94］ BOWEN D E, JONES G R. Transaction cost analysis of service organization - customer exchange ［J］. Academy of Management Review, 1986: 428 - 441.

［95］ CHRISTIE J. California pensions next state financial crisis ［N］. Reuters, 2009 - 07 - 29.

［96］ 杨明. 政府与市场——高地教育财政政策研究 ［M］. 杭州：浙江教育出版社, 2007: 216 - 220.

［97］ COHEN A. The shaping of American higher education: Emergence and growth of the contemprory system ［M］. San Francisco: Jossey - Bass, 1998: 396.

［98］ DUPREE H. Science in the federal government: A history of policies activities to 1940 ［M］. Cambridge, Mass: Belknap press of Harvard university, 1957: 221.

［99］ HIGHER EDUCATION FUNDING COUNCIL FOR ENGLAND. Securing world - class research in UK universities ［R］. London: HEFCE, 2009.

［100］ REIMER D, JACOB M. Differentiation in higher education and its consequences for social inequality: Introduction to a special issue ［J］. Higher Education Policy, 2011, 61 (3): 223 - 227.

［101］ 保尔森，斯马特，孙志军，成刚，郑磊. 高等教育财政：理论、研究、政策与实践 ［M］. 北京：北京师范大学出版社, 2008.

［102］ BRESLAUER G W. UC Berkeley's adaptations to the crisis of public higher education in the US: Privatization? Commercializtion? Or hybridization? ［R］. Berkeley, CA: Center For Studies in Higher Education, 2013.

［103］ 大卫·F. 史文森. 机构投资的创新之路 ［M］. 北京：中国人民大学出版社, 2010: 46.

［104］ HARVARD UNIVERSITY. Harvard University Financial Report Fiscal Year 2009 ［R］. Boston, MA: Harvard University, 2009.

［105］ 李洁. 大学捐赠基金运作问题研究 ［D］. 华中科技大学, 2010.

［106］ KNIGHT R. US Higher education institutions see dwindling coffers ［N］. Financial Times, 2008 - 09 - 22.

［107］ NAICU. Findings from the survey on the impact of the economic conditions on independent colleges and universities [R]. Washington, D. C: NAICU, 2009.

[108] KOCHARD, L. E. , & RITTEREISER, C. M. Foundation and endowment investing: Philosophies and strategies of top investors and institutions [M]. Hoboken, NJ: John Wiley & Sons. , 2010.

[109] THALER R H, WILLIAMSON J P. College and university endowment funds: Why not 100% equities [J]. The Journal of Portfolio Management, 1994, 21 (1): 27 – 37.

[110] SCHUMACHER E C. Building your endowment [M]. San Francisco, CA: Jossey – Bass, 2003.

[111] SCHWARZMAN SCHOLARS. 提升全球领导力的教育精品 [EB/OL]. http://cn. schwarzmanscholars. org/program/.

[112] 教育部财务司, 国家统计局社会和科技统计司. 中国教育经费统计年鉴 2007 [M]. 北京: 中国统计出版社, 2008.

[113] 教育部财务司, 国家统计局社会和科技统计司. 中国教育经费统计年鉴 2012 [M]. 北京: 中国统计出版社, 2013.

[114] ZIEGLER P. Legacy: Cecil Rhodes, the Rhodes Trust and Rhodes Scholarships [M]. New Haven and London: Yale University Press, 2008.

[115] SCHOARSHIPS R. About the Rhodes Scholarships [EB/OL]. http://www. rhodeshouse. ox. ac. uk/rhodesscholarship.

[116] KENNY A. The History of the Rhodes Trust: 1902 – 1999 [M]. Oxford: Oxford University Press, 2001.

[117] THE RHODES SCHOLARS. Rhodes Scholars – recent classes and complete list [EB/OL]. http://www. rhodeshouse. ox. ac. uk/about/rhodes – scholars.

[118] THE RHODES TRUST. The Rhodes trust governance protocols [R]. Oxford: Rhodes Trust, 2012.

[119] THE RHODES TRUST. The impact of philanthropy——The rhodes trust donor report 2011 – 2012 [R]. Oxford: Rhodes Trust, 2012.

[120] THE RHODES TRUST. Annual report and financial statements for the year ended 30 june 2010, 2011, 2012 [R]. Oxford: Rhodes Trust, 2010, 2011, 2012.

[121] LORIN J F. Would – be rhodes scholars make do as gates scholars [N]. Bloomberg, 2008 – 05 – 01.

[122] 胡娟, 张伟. 哈佛大学资金来源, 筹资模式及其启示 [J]. 高等教育研究, 2008 (5): 104 – 109.

［123］邓娅. 校友工作体制与大学筹资能力——国际比较的视野［J］. 北京大学教育评论, 2012（10）：139－150.

［124］谢秋葵. 基金会：美国高等教育发展的重要推动力［J］. 高等教育研究, 2005（3）：92－97.

［125］黄明东. 研究型大学师资队伍发展研究［M］. 武汉：武汉大学出版社, 2011.

［126］陶爱珠. 世界一流大学研究［M］. 上海：上海交通大学出版社, 1993.

［127］AMERICAN ASSOCIATION OF UNIVERSITY PROFESSORS. AAUP/AAC Commission on Academic Tenure［R］. Washington, DC：American Association of University Professors, 1973.

［128］林曾. 美国大学面对财政危机的人事对策：兼职教授与终身教授［J］. 清华大学教育研究, 2010（12）：89－97.

［129］NATIONAL EDUCATION ASSOCIATION. Advocate 2009 Salary Review［R］. Washington, DC：National Education Association, 2009.

［130］NATIONAL EDUCATION ASSOCIATION. Full-time and part-time faculty［R］. Washington, DC：National Education Association, 2009.

［131］SHEPHARD A. Academic conference discusses faculty pay［N］. The Daily of the University of Washington, 2007－01－22.

［132］RILEY P, B. BALICK. Faculty wage freeze continues［N］. The Daily of the University of Washington, 2011－05－21.

［133］THE INTEGRATED POSTSECONDARY EDUCATION DATA SYSTEM. University of California, Berkeley human resources 2010－2011［R］. Washington DC：American Education Department, 2011.

［134］THE INTEGRATED POSTSECONDARY EDUCATION DATA SYSTEM. Stanford university human resources 2010－2011［R］. Washington, DC：American Education Department, 2011.

［135］邱学青, 李正, 李敏. 大学师资管理模式的历史演变——基于教学与科研相结合的视角［M］. 北京：化学工业出版社, 2011.

［136］HARVARD UNIVERSITY. Harvard university factbook 2010－11［R］. Boston, MA：Harvard University, 2011.

［137］STANFORD UNIVERSITY. Stanford university faculty handbook［R］. Palo Alto, CA：Stanford University, 2011.

［138］陈伟. 西方大学教师专业化［M］. 北京：北京大学出版社, 2008：77.

［139］顾建民. 自由与责任——西方大学终身教职制度研究［M］. 杭州：浙江教育出版

社, 2007: 22.

[140] KILEY K. Where Universities can be cut [N]. Insider Higher ED, 2011 – 09 – 16.

[141] GROVE J. Admin staff could be cut to pay for REF stars at city university [N]. Times Higher Education, 2013 – 04 – 11.

[142] KILEY K. A Shifting Burden [N]. Insider Higher ED, 2011 – 10 – 26.

[143] 王英杰, 刘宝存. 世界一流大学的形成与发展 [M]. 太原: 山西教育出版社, 2009.

[144] JOHNSTONE, D. B., ARORA, A., & EXPERTON, W. The financing and management of higher education: A status report on worldwide reforms [R]. World Bank Washington, DC., 1998.

[145] UK EDUCATION DEPARTMENT. Money you can get to pay for university-from 1 September 2012 [R]. London: UK Education department, 2012.

[146] HARVARD UNIVERSITY. Harvard ups financial aid for low-income students [N]. Insider Higher ED, 2011 – 09 – 02.

[147] BECKER G S. Human capital: A theoretical and empirical analysis, with special reference to education [R]. New York: National Bureau of Economic Research, 1964.

[148] LONG B T. The Financial crisis and college enrollment: How have students and their families responded? [M] // How the financial crisis and great recession affected higher education. University of Chicago Press, 2013.

[149] LITTEN H L. Marketing higher education [J]. Journal of Higher Education, 1980, 51 (1): 40 – 59.

[150] WINSTON G, LEWIS E C. Physical capital and capital service costs in U. S. college and universities [J]. Eastern Economic Journal, 1997, 23 (2): 165 – 189.

[151] 李联明. 金融危机笼罩下美国高校研究生资助的理念、策略与价值借鉴 [J]. 外国教育研究, 2009, 36 (9): 72 – 75.

[152] NEEDLEMAN S E. Doing the math to find the good jobs [N]. Wall Street Journal, 2009 – 01 – 06.

[153] SPENCER D. UK: Cold climate for graduates [N]. University World News, 2009 – 05 – 15.

[154] HIGH RLIERS RESEARCH. The graduate market in 2013 [EB/OL]. http: // www. highfliers. co. uk/download/GMReview13. pdf.

[155] O'CONNOR S. The Responsibility of business schools in training ethical leaders [N]. Forbes, 2013 – 05 – 15.

[156] CENTER FOR LABOR RESEARCH AND EDUCATION. Annual Report: Black employment and unemployment in 2011 [R]. Berkeley, CA: University of California, Berkeley, 2011.

[157] GRAYLING C. UK unemployment total reaches 17-year high [EB/OL]. http: // www. bbc. co. uk/news/business – 15271800.

[158] REUTERS. Credit Rating [EB/OL]. http: //glossary. reuters. com. cn/wiki/detail/word-Credit + Rating. html.

[159] SELINGO J J. Colleges struggling to stay afloat [N]. The New York Times, 2013 – 04 – 12.

[160] NACUBO, AGB. The financial Downturn and its impact on higher education institutions [R]. Washington, DC NACUBO, 2009.

[161] MOODY'S. Moody's assign Aaa rating to Harvard University's Series 2010B Tax-exempt and 2010C Taxable Fixed-rate Bonds and Affirms All Outstanding Ratings: Outlook is stable [EB/OL]. https: //www. moodys. com/research/MOODYS – ASSIGNS – Aaa – RATING – TO – HARVARD – UNIVERSITYS – MA – SERIES – 2010B – New – Issue – NIR_16693346.

[162] MOODY'S. Moody's assigns Aaa issuer rating to the University of Cambridge: Outlook stable [EB/OL]. https: //www. moodys. com/research/Moodys – assigns – Aaa – issuer – rating – to – the – University – of – Cambridge – – PR_256320.

[163] MOODY'S. Moody's assigns Aa1 rating to approximately $ 1. 7 billion Regents of the University of California General Revenue Bonds, 2013 Series AF (Tax – Exempt), Series AG (Taxable), and Series AH (Taxable AA – 2 Reissuance); outlook changed to negative [EB/OL]. https: //www. moodys. com/research/Moodys – assigns – Aa1 – rating – to – approximately – 17 – billion – Regents – of – – PR_266504.

[164] MOODY'S. Moody's Affirms University of Washington's Aaa Rating; Outlook Revised to Stable from Negative [EB/OL]. https: //www. moodys. com/research/MOODYS – AFFIRMS – UNI-VERSITY – OF – WASHINGTONS – Aaa – RATING – OUTLOOK – REVISED – TO – – PR_234591.

[165] POSTIGLIONE G. Global recession and higher education in eastern Asia: China, Mongolia and Vietnam [J]. Higher Education Policy, 2011, 62 (6): 789 – 814.

[166] ASIAN DEVELOPMENT BANK. Education and skills: Strategies for accelerated development in Asia and the Pacific [R]. Metro Manila: Asian Development Bank, 2008.

[167] TULLY S. Pop! Went the Profit Bubble [J]. Fortune Magazine, 2009 – 04 – 12.

［168］世界银行发展预测部. 2009 年全球经济展望预测［M］. 华盛顿：世界银行，2009.

［169］冯典. 为未来高教发展夯实基础［N］. 中国教育报，2009 － 01 － 05.

［170］吴滨如. 民办高校信贷可能会更宽松［N］. 中国教育报，2009 － 01 － 05.

［171］周孟奎. 金融危机带来民办教育发展契机［N］. 中国教育报，2009 － 01 － 05.

［172］李国强. 经济发展的不确定性对我国高等教育的可能影响［J］. 高等教育研究，2009（1）：6 － 10.

［173］WINDOLF P. Cycles of expansion in higher education 1870 － 1985：An international comparison［J］. Higher Education，1992，23（3）：3 － 19.

［174］喻恺. 历次经济危机对高等教育的影响［N］. 中国教育报，2009 － 01 － 05.

［175］RUSCH R S. Higher Ed，Inc.：The Rise of the For － Profit University［M］. Baltimore，MD：Johns Hopkins University Press，2001.

［176］金子元久. 营利性大学：背景·现状·可能性［J］. 北京大学教育评论，2005，3（2）.

［177］王志强. 美国营利性大学的管理及其启示［J］. 教育发展研究，2008（2）.

［178］阎凤桥. 非营利性大学的营利行为及约束机制［J］. 北京大学教育评论，2005，3（2）.

［179］APOLLO GROUP. 10 － K：Q4 2008［R］. Phoenix：Apollo Group，2008.

［180］APOLLO GROUP. Q2 2009 Earnings Conference Call［R］. Phoenix：Apollo Group，2009.

［181］APOLLO GROUP. 10 － Q：Q2 2009［R］. Phoenix：Apollo Group，2009.

［182］WAHBA P. RPT － IPO VIEW － All Hopes on education IPO to break deal drought［N］. Reuters，2008 － 11 － 16.

［183］WILSON J. Academic Science，Higher education，and the federal government，1950 － 1983［M］. Chicago，IL：The University of Chicago Press，1983：25 － 26.